D1723260

GUIDE DE VOYAGE CAP-VERT 2024

Island Odyssey: découvrir les secrets des joyaux cachés du Cap-Vert

JONATHAN FERDINAND

Aucune partie de cette publication ne peut être reproduite, distribuée ou transmise sous quelque forme ou par quelque moyen que ce soit, y compris la photocopie, l'enregistrement ou d'autres méthodes électroniques ou mécaniques, sans l'autorisation écrite préalable de l'éditeur, sauf dans le cas de brèves citations incorporées. dans des critiques critiques et dans certaines autres utilisations non commerciales autorisées par la loi sur le droit d'auteur.

J'ai fait tous les efforts possibles pour garantir l'exactitude des informations contenues dans le présent document. Cependant, les informations contenues dans ce livre sont vendues sans garantie, expresse ou implicite. Ni l'auteur ni l'éditeur ne pourront être tenus responsables des dommages qui en découleraient.

COPYRIGHT © Jonathan Ferdinand 2024

Matériel protégé par le droit d'auteur

TABLE DES MATIÈRES

Matériel protégé par le droit d'auteur

Matériel protégé par le droit d'auteur

Matériel protégé par le droit d'auteur

CHAPITRE UN

INTRODUCTION

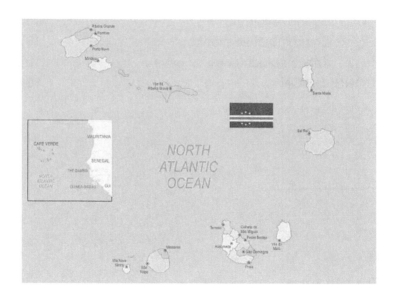

Dans l'étreinte enchanteresse du Cap-Vert, mon voyage en 2023 s'est déroulé au milieu d'une tapisserie vibrante de paysages divers et d'une riche tapisserie culturelle. Niché au large des côtes de l'Afrique de l'Ouest, le Cap-Vert est un archipel captivant, attirant les voyageurs par son charme unique. Mon

Matériel protégé par le droit d'auteur

exploration a commencé avec les rythmes rythmés de la musique locale résonnant dans les rues, témoignage de l'esprit vif de ses habitants. Les eaux azur entourant les îles ont révélé des trésors cachés, des plages immaculées aux formations volcaniques spectaculaires.

En parcourant les rues historiques, les vestiges d'un passé colonial se mêlaient parfaitement au présent vibrant. La chaleur de l'hospitalité capverdienne m'a accueilli à chaque instant, créant une expérience immersive qui transcendait le simple tourisme. L'attrait de cette destination réside non seulement dans ses paysages à couper le souffle mais aussi dans l'authenticité de sa culture. Des marchés animés exhalant des senteurs d'épices exotiques à la danse rythmée des locaux lors des festivités traditionnelles, le Cap-Vert est une symphonie de couleurs et de traditions.

Matériel protégé par le droit d'auteur

Le caractère unique du Cap-Vert réside dans sa capacité à répondre à divers intérêts, que l'on recherche l'aventure sur ses terrains intacts ou le réconfort dans la tranquillité de ses retraites côtières. Cette introduction ne fait qu'effleurer la surface des merveilles qui attendent ceux qui embarquent pour un voyage vers ce paradis archipélagique.

Présentation et historique

Le Cap-Vert, un archipel de dix îles au large de la côte ouest de l'Afrique, déroule son récit sur fond d'histoire captivante et d'une mosaïque culturelle vibrante. Les îles, façonnées par les forces volcaniques, présentent une topographie diversifiée allant de chaînes de montagnes luxuriantes aux plaines arides, créant un cadre unique pour l'histoire du Cap-Vert.

Matériel protégé par le droit d'auteur

L'histoire du Cap-Vert est intimement mêlée d'histoires d'exploration et de colonisation. Découvertes par les explorateurs portugais au XVe siècle, les îles sont rapidement devenues une étape essentielle de la traite transatlantique des esclaves. Les échos de ce passé tumultueux résonnent dans l'architecture et la culture, témoignant de la résilience du peuple capverdien.

Matériel protégé par le droit d'auteur

En 1975, le Cap-Vert a obtenu son indépendance de la domination coloniale portugaise, marquant un moment charnière dans son histoire. L'autonomie retrouvée a permis au pays de façonner son destin, favorisant un sentiment d'identité nationale enraciné dans un mélange d'influences africaines, européennes et créoles. Depuis son indépendance, le Cap-Vert est devenu une nation stable et démocratique, favorisant la croissance économique et le développement social.

Matériel protégé par le droit d'auteur

La religion joue un rôle important dans le tissu culturel du Cap-Vert. Majoritairement catholique, l'influence de la colonisation portugaise est évidente dans les pratiques religieuses de la population. Cependant, la version capverdienne du catholicisme est mélangée de manière unique aux croyances indigènes, créant une expression syncrétique de la spiritualité. Cette fusion est particulièrement évidente dans les cérémonies et festivals traditionnels, où les rituels catholiques s'harmonisent avec les coutumes locales, créant une expérience religieuse capverdienne distinctive.

Alors que l'archipel continue d'évoluer, le Cap-Vert témoigne de la résilience de sa population et de la riche tapisserie de son histoire, un lieu où le passé converge avec le présent pour façonner une identité unique et dynamique.

Matériel protégé par le droit d'auteur

Pourquoi choisir le Cap-Vert pour votre aventure

Choisir le Cap-Vert pour votre aventure est une invitation à découvrir un kaléidoscope d'expériences qui font de cet archipel une destination unique et incontournable. Avant tout, la diversité des paysages du Cap-Vert captive les voyageurs. Du sable doré de ses plages immaculées à la beauté sauvage des formations volcaniques, chaque île offre un panorama distinct qui attend d'être exploré.

Matériel protégé par le droit d'auteur

L'un des aspects les plus attrayants du Cap-Vert est l'hospitalité chaleureuse de ses habitants. Les habitants accueillent les visiteurs avec une véritable chaleur, créant une atmosphère dans laquelle on se sent non seulement comme un touriste mais comme un invité bienvenu. La richesse culturelle du Cap-Vert, née d'une fusion d'influences africaines, européennes et créoles, se reflète dans sa musique, sa danse et son art vibrants.

Matériel protégé par le droit d'auteur

Pour ceux qui recherchent l'aventure, le Cap-Vert propose une gamme d'activités passionnantes. L'archipel est un paradis pour les amateurs de sports nautiques, offrant d'excellentes conditions pour la planche à voile, le kitesurf et la plongée. Des sentiers de randonnée serpentent à travers des paysages verdoyants et gravissent des sommets volcaniques, promettant des vues à couper le souffle en guise de récompense pour l'explorateur intrépide.

La position unique du Cap-Vert, mélange d'influences africaines et portugaises, confère à sa cuisine des saveurs qui ravissent le palais. Des plats savoureux à base de fruits de mer frais et d'épices aromatiques témoignent de la richesse culinaire de l'archipel.

Matériel protégé par le droit d'auteur

De plus, l'engagement du Cap-Vert en faveur de la durabilité environnementale en fait une destination pour les voyageurs responsables. Les îles présentent un équilibre délicat entre la préservation de leurs merveilles naturelles et l'adhésion au monde moderne.

En résumé, choisir le Cap Vert pour votre aventure, c'est se lancer dans un voyage qui transcende l'ordinaire. C'est une exploration de paysages diversifiés, une immersion culturelle dans un mélange unique de traditions et une opportunité de vivre des aventures palpitantes dans un cadre où le passé et le présent s'harmonisent pour créer une expérience inoubliable.

Matériel protégé par le droit d'auteur

CHAPITRE DEUX

INFORMATIONS ESSENTIELLES DE VOYAGE

Nécessité de visa

Les exigences de visa pour le Cap-Vert sont une considération essentielle pour les voyageurs qui envisagent d'explorer cet archipel captivant. Il est crucial de vérifier les dernières informations provenant de sources officielles ou de l'ambassade du Cap-Vert.

Matériel protégé par le droit d'auteur

1. **Pays sans visa**: Les citoyens de certains pays sont dispensés d'obtenir un visa pour les courts séjours. Ces modalités d'exemption de visa durent souvent de 30 à 90 jours. Cependant, la durée et les conditions spécifiques peuvent varier, il est donc important de vérifier la liste actuelle des pays exemptés de visa.

2. **Visa à l'arrivée**: Le Cap-Vert propose également une option de visa à l'arrivée pour les citoyens de certains pays. Cela permet aux voyageurs d'obtenir un visa à leur arrivée dans les aéroports internationaux du Cap-Vert. Encore une fois, la durée et les conditions peuvent varier, il est donc conseillé de vérifier les derniers détails.

3. **Demande de visa anticipée** : pour les voyageurs en provenance de pays non couverts par des exemptions de visa ou des dispositions relatives au visa à l'arrivée, il est nécessaire de demander un visa à l'avance. Ce processus implique généralement de soumettre les documents requis à

Matériel protégé par le droit d'auteur

l'ambassade ou au consulat du Cap-Vert dans votre pays d'origine.

Les documents couramment requis pour une demande de visa pour le Cap-Vert comprennent un passeport valide, un formulaire de demande de visa dûment rempli, une preuve d'hébergement, un itinéraire de vol aller-retour, une preuve de moyens financiers et des photographies au format passeport.

Les voyageurs doivent également être conscients que les politiques en matière de visa sont susceptibles de changer, et il est recommandé de vérifier auprès des sources officielles du gouvernement ou de l'ambassade ou du consulat cap-verdien le plus proche pour obtenir les informations les plus récentes et les plus précises avant de planifier leur voyage.

Matériel protégé par le droit d'auteur

Questions de monnaie et d'argent

Comprendre les questions monétaires et financières au Cap-Vert est crucial pour une expérience de voyage fluide et agréable. Il est recommandé de vérifier les mises à jour et les détails spécifiques à l'approche de la date de votre voyage.

1. **Monnaie** : L'escudo cap-verdien est abrégé en CVE et est désigné par le symbole « $ » ou « Esc ». Il est essentiel de se familiariser avec la monnaie locale pour faciliter les transactions.

2. **Taux de change**: Les taux de change peuvent fluctuer, il est donc conseillé de vérifier les taux en vigueur avant d'échanger de l'argent. Les principales devises telles que l'euro et le dollar américain sont souvent acceptées dans les zones touristiques, mais il est recommandé d'avoir de la monnaie locale pour les transactions dans les zones plus reculées.

Matériel protégé par le droit d'auteur

3. **Distributeurs automatiques de billets:** des distributeurs automatiques de billets sont disponibles dans les centres urbains et les destinations touristiques populaires, offrant un moyen pratique de retirer de la monnaie locale. Cependant, il est sage d'informer votre banque de vos projets de voyage pour éviter tout problème avec les transactions internationales.

4. **Cartes de crédit:** Les cartes de crédit, notamment Visa et MasterCard, sont généralement acceptées dans les hôtels, les grands restaurants et certains magasins. Cependant, il est recommandé d'avoir sur soi de l'argent liquide pour les petits établissements et les marchés où les cartes ne sont peut-être pas aussi largement utilisées.

5. **Chèques de voyage :** Les chèques de voyage ne sont plus aussi communément acceptés qu'ils l'étaient autrefois. Il est conseillé de recourir davantage aux espèces et aux cartes pour les transactions.

Matériel protégé par le droit d'auteur

6. **Services de change:** Les banques, les bureaux de change et certains hôtels proposent des services de change. Les banques proposent généralement des taux de change compétitifs, mais leurs horaires d'ouverture peuvent être limités.

7. **Pourboires:** Le pourboire n'est pas obligatoire au Cap-Vert, mais il est apprécié. Les frais de service peuvent parfois être inclus dans les factures, mais il est d'usage de laisser un petit pourboire pour un bon service.

Langue et communication

La langue et la communication au Cap-Vert reflètent la riche diversité culturelle et les influences historiques du pays. La langue officielle du Cap-Vert est le portugais, héritage de son passé colonial. Cependant, le paysage linguistique est plus complexe, avec une langue créole distinctive connue sous le nom de créole capverdien ou kriolu,

Matériel protégé par le droit d'auteur

largement parlée au sein de la population locale.

1. **Portugais** : le portugais est utilisé dans les documents officiels, les affaires gouvernementales, l'éducation et les communications formelles. Même si ce n'est peut-être pas la langue principale dans les interactions quotidiennes de tous les résidents, avoir une compréhension de base du portugais peut être bénéfique, en particulier dans les contextes administratifs ou formels.

2. **Créole cap-verdien (Kriolu)** : Le créole cap-verdien est une langue créole qui a évolué à partir d'un mélange de portugais, de langues africaines et de certaines influences de langues européennes. C'est la langue la plus parlée dans les situations informelles et quotidiennes. Apprendre quelques phrases créoles de base peut grandement améliorer la communication et l'interaction avec les

Matériel protégé par le droit d'auteur

habitants, démontrant ainsi le respect et l'appréciation culturels.

3. **Anglais** : L'anglais n'est pas aussi répandu que le portugais ou le créole, mais dans les zones touristiques, les hôtels et les établissements accueillant des visiteurs, vous pouvez trouver du personnel anglophone. Apprendre quelques phrases essentielles en portugais ou en créole peut toujours être utile.

4. **Conseils de communication** : Lorsque vous communiquez avec les habitants, une approche amicale et respectueuse est très utile. De nombreux Cap-Verdiens apprécient que les visiteurs fassent un effort pour parler leur langue, ne serait-ce que quelques mots. La communication non verbale, comme les gestes et les expressions faciales, joue également un rôle dans la transmission efficace des messages.

Comprendre la diversité linguistique du Cap-Vert ajoute de la profondeur à

Matériel protégé par le droit d'auteur

l'expérience de voyage, favorisant les liens avec la culture locale. Apprendre un peu de portugais et de créole peut améliorer vos interactions, rendant votre séjour plus immersif et plus agréable.

Fuseau horaire

Le Cap-Vert fonctionne à l'heure du Cap-Vert (CVT), qui a 1 heure de retard sur le temps universel coordonné (UTC-1). Le pays n'observe pas l'heure d'été, le décalage horaire reste donc constant tout au long de l'année.

Il est essentiel que les voyageurs ajustent leurs montres et appareils à l'heure du Cap-Vert à leur arrivée pour garantir une coordination rapide avec les horaires, les transports et les activités locales. Connaître le fuseau horaire aidera les visiteurs à tirer le meilleur parti de leur séjour et à éviter tout

Matériel protégé par le droit d'auteur

décalage d'horaire lors de leur exploration des îles captivantes.

Conseils de sécurité

Assurer votre sécurité lors de votre visite au Cap-Vert est primordial pour une expérience agréable. Voici quelques conseils de sécurité à prendre en compte :

1. **Sensibilisation locale :**
   - Familiarisez-vous avec les coutumes, les lois et les normes culturelles locales pour faire preuve de respect et éviter les infractions involontaires.
   - Restez informé de votre environnement, en particulier dans les zones inconnues.
2. **Précautions sanitaires :**
   - Vérifiez si des vaccins sont recommandés avant de voyager.
   - Utilisez un écran solaire, restez hydraté et prenez les précautions nécessaires

Matériel protégé par le droit d'auteur

pour éviter les coups de soleil et la déshydratation.

3. **Sécurité aquatique :**
   - Nagez avec prudence, surtout dans les régions où les courants sont forts.
   - À la plage, suivez toutes les recommandations de sécurité et les panneaux d'avertissement.

4. **Hygiène des aliments et de l'eau :**
   - Consommez de la nourriture et de l'eau provenant de sources réputées pour éviter les maladies d'origine alimentaire.
   - Se laver les mains régulièrement, surtout avant les repas.

5. **Sécurisez vos objets de valeur :**
   - Gardez vos biens en sécurité, en particulier dans les situations très fréquentées.
   - Utilisez un coffre-fort d'hôtel pour stocker les papiers critiques et les objets de valeur.

Matériel protégé par le droit d'auteur

6. **Sécurité des transports :**
   - Utilisez des services de transport dignes de confiance et respectez les exigences de sécurité.
   - Lorsque vous empruntez les transports en commun, soyez vigilant et assurez-vous que le service est fiable.

7. **Contacts d'urgence :**
   - Conservez une liste de contacts d'urgence, y compris les autorités locales et les coordonnées de l'ambassade ou du consulat de votre pays.

8. **Assurance maladie :**
   - Assurez-vous d'avoir une assurance voyage adéquate qui inclut les urgences médicales.
   - Découvrez où se trouvent les établissements médicaux.

Matériel protégé par le droit d'auteur

9. **Sensibilité culturelle :**
   - Respectez les coutumes et traditions locales.
   - Habillez-vous modestement dans les zones plus conservatrices et les sites religieux.

10. **Conscience météorologique :**
   - Restez informé des conditions météorologiques, notamment pendant la saison des pluies.
   - Préparez-vous aux changements météorologiques, surtout si vous envisagez de mener des activités à l'extérieur.

11. **Attention à la faune :**
   - Soyez prudent avec la faune, en particulier dans les zones naturelles et rurales.
   - Ne vous approchez pas et ne nourrissez pas les animaux sauvages.

Matériel protégé par le droit d'auteur

12. **Services d'urgence :**
   - Connaissez les numéros d'urgence locaux et comment contacter les services d'urgence.

N'oubliez pas que même si le Cap-Vert est généralement considéré comme sûr pour les voyageurs, rester vigilant et adopter ces pratiques de sécurité améliore votre bien-être général lors de votre aventure dans cet archipel captivant. Restez toujours informé des derniers conseils et directives de voyage.

Les essentiels de l'emballage

Lorsque vous préparez votre voyage au Cap-Vert, emporter les essentiels peut vous garantir une expérience confortable et agréable. Voici une liste d'éléments à considérer :

Matériel protégé par le droit d'auteur

1. **Vêtements :**
   - Vêtements légers et respirants adaptés à un climat tropical.
   - Maillots de bain pour les activités de plage.
   - Chaussures de marche confortables pour explorer.

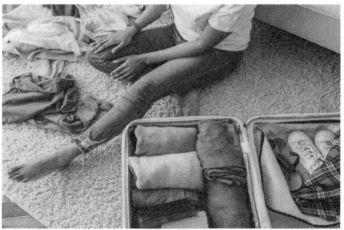

2. **Protection solaire :**
   - Crème solaire avec un FPS élevé.
   - Lunettes de soleil avec protection UV.
   - Chapeau à larges bords pour plus d'ombre.

Matériel protégé par le droit d'auteur

3. **Santé et hygiène :**
   - Médicaments personnels et trousse de premiers secours de base.
   - Insectifuge, surtout si vous voyagez dans des zones plus rurales.
   - Articles de toilette, y compris des articles de format voyage.

4. **Électronique :**
   - Adaptateur de voyage pour recharger les appareils.
   - Appareil photo ou smartphone pour capturer des souvenirs.
   - Chargeur portable pour garder les appareils alimentés.

5. **Documents :**
   - Passeport et visa (si nécessaire).
   - Détails de l'assurance voyage.
   - Copies des documents importants (passeport, assurance voyage, itinéraire).

Matériel protégé par le droit d'auteur

6. **Argent :**
   - Suffisamment de monnaie locale (escudo cap-verdien) pour les petits achats.
   - Cartes de crédit/débit pour les transactions plus importantes.

7. **Sac à dos ou sac de plage :**
   - Un petit sac à dos ou sac de plage pour les excursions quotidiennes.
   - Bouteille d'eau pour rester hydraté.

8. **Équipement de plongée en apnée :**
   - Si vous aimez la plongée en apnée, pensez à apporter votre propre masque et vos palmes pour une expérience plus personnalisée.

9. **Veste de pluie légère :**
   - Selon la saison, une veste de pluie légère peut s'avérer utile lors d'averses de pluie occasionnelles.

10. **Guide de voyage ou cartes :**
    - Un guide ou des cartes du Cap-Vert pour faciliter la navigation et la planification du voyage.

Matériel protégé par le droit d'auteur

11. **Articles de confort :**
   - Oreiller de voyage et bouchons d'oreilles pour plus de confort lors des longs voyages.
   - Couverture de voyage légère.

N'oubliez pas de vérifier les prévisions météorologiques locales avant votre voyage et d'adapter votre liste de colisage en conséquence. En emportant ces nécessités, vous serez bien préparé pour profiter au maximum de votre voyage au Cap-Vert.

Climat et géographie

Géographie du Cap-Vert :

1. **Archipel de l'Atlantique :** Le Cap-Vert est un archipel comprenant dix îles principales et plusieurs îlots dans l'océan Atlantique central, à environ 570 kilomètres (350 miles) au large des côtes de l'Afrique de l'Ouest.

Matériel protégé par le droit d'auteur

2. **Groupements d'îles** : Les îles sont divisées en deux groupes principaux : les îles Barlavento (au vent) au nord et les îles Sotavento (sous le vent) au sud.

3. **Îles Barlavento** : Les îles Barlavento comprennent Santo Antão, São Vicente, Santa Luzia (inhabitée), São Nicolau, Sal et Boa Vista.

4. **Îles Sotavento** : Les îles Sotavento comprennent Maio, Santiago, Fogo et Brava.

5. **Paysages variés** : Le Cap-Vert présente des paysages variés, notamment des terrains montagneux, des cratères volcaniques, des plages de sable et des plaines arides.

6. **Volcans actifs** : Fogo, l'une des îles, abrite un volcan actif, Pico do Fogo, dont la dernière éruption a eu lieu en 2014-2015.

Climat du Cap-Vert :

1. **Climat tropical** : Le Cap-Vert a un climat tropical avec deux saisons distinctes : la saison sèche (novembre à juillet) et la saison humide (août à octobre).

Matériel protégé par le droit d'auteur

2. **Saison sèche** : Pendant la saison sèche, le Cap-Vert connaît peu ou pas de précipitations. Cette période est caractérisée par des températures chaudes, un ciel clair et une brise constante, ce qui en fait une période idéale pour le tourisme.

3. **Saison humide** : La saison humide entraîne des températures plus élevées et la possibilité de précipitations sporadiques, principalement sous la forme d'averses ou d'orages de courte durée. Les précipitations sont généralement concentrées sur les îles montagneuses.

4. **Alizés** : Les îles sont influencées par les alizés, créant un climat modéré et aride. Les côtés au vent (Barlavento) des îles reçoivent plus de précipitations que les côtés sous le vent (Sotavento).

5. **Plage de température** : Les températures au Cap-Vert varient généralement de 23°C à 30°C (73°F à 86°F) tout au long de l'année. Les zones côtières peuvent connaître des températures plus douces que l'intérieur.

Matériel protégé par le droit d'auteur

6. **Poussière saharienne** : Le Cap-Vert est occasionnellement touché par la poussière saharienne, notamment pendant la saison sèche. Ce phénomène peut conduire à un ciel brumeux mais n'est généralement pas perturbateur.

7. **Divers microclimats** : En raison de la topographie variée, chaque île a son microclimat, offrant aux visiteurs une gamme de paysages et d'expériences.

La géographie et le climat du Cap-Vert contribuent à son attrait en tant que destination à la beauté naturelle diversifiée, ce qui la rend propice à diverses activités et expériences de plein air tout au long de l'année.

Matériel protégé par le droit d'auteur

Meilleur moment pour visiter

De novembre à juin (saison sèche) :

- **Description** : La saison sèche, qui s'étend de novembre à juin, est considérée comme la meilleure période pour visiter le Cap-Vert. Pendant cette période, les îles connaissent des précipitations minimes, un ciel clair et des températures chaudes.

Points forts:

- Idéal pour les activités de plein air, les sports nautiques et la détente à la plage.
- Excellente visibilité pour la plongée et le snorkeling.
- Températures confortables allant de 23°C à 30°C (73°F à 86°F).
- Des festivals et des événements culturels sont souvent organisés pendant cette saison.

Matériel protégé par le droit d'auteur

Juillet à octobre (saison humide) :

- **Description** : La saison humide, de juillet à octobre, connaît des températures plus élevées et la possibilité de précipitations sporadiques. Même si ces mois peuvent être chauds et humides, ils offrent des expériences uniques.

Points forts:

- Le paysage se transforme avec de la verdure et une flore épanouie.
- Excellent pour les amoureux de la nature et les randonneurs, car les îles deviennent plus luxuriantes.
- Moins de visiteurs signifie une expérience plus calme et plus intime.
- Possibilité de voir l'agriculture locale en action.

Matériel protégé par le droit d'auteur

Considérations :

- **Poussière saharienne :** Parfois, surtout pendant la saison sèche, le Cap-Vert peut être affecté par la poussière saharienne, entraînant un ciel brumeux. Bien que cela n'ait pas d'impact significatif sur les voyages, les personnes sensibles à la qualité de l'air peuvent prendre en compte ce facteur.
- **Microclimats :** Chaque île a son microclimat, les conditions météorologiques peuvent donc varier d'un endroit à l'autre.

Recommandations générales :

- **Haute saison :** décembre à mars est considérée comme la haute saison, offrant les conditions météorologiques les plus favorables pour des vacances à la plage et des activités de plein air.

Matériel protégé par le droit d'auteur

- **Saison intermédiaire** : avril à juin et septembre à octobre sont considérés comme des saisons intermédiaires. Ces périodes offrent un équilibre entre beau temps et moins de monde.

- **Basse saison** : de juillet à août est la basse saison en raison des températures plus élevées et des précipitations occasionnelles. Cependant, cela peut toujours être un moment approprié pour ceux qui recherchent une expérience plus calme.

Le choix du meilleur moment pour visiter le Cap-Vert dépend de vos préférences et du type d'expérience que vous recherchez, qu'il s'agisse de profiter des journées ensoleillées de la saison sèche ou d'explorer les paysages plus verdoyants des îles pendant la saison des pluies.

Matériel protégé par le droit d'auteur

CHAPITRE TROIS

S'Y RENDRE ET SE DÉPLACER

Options de transport

Naviguer au Cap-Vert implique diverses options de transport pour explorer la diversité des paysages de ses îles. Voici quelques options de transport clés :

1. **Vols intérieurs** : Les vols intérieurs relient les principales îles, offrant un moyen rapide

Matériel protégé par le droit d'auteur

et efficace de voyager entre elles. TACV Cabo Verde Airlines est la compagnie aérienne nationale qui exploite ces vols.

2. **Ferries et bateaux** : Des services de ferry inter-îles sont disponibles, notamment entre les îles de Santiago, Fogo et Brava. Ceux-ci offrent une alternative pittoresque et maritime au vol.

3. **Taxis** : Les taxis sont un mode de transport courant et pratique sur les îles. Ils sont facilement disponibles dans les aéroports, les hôtels et dans les zones urbaines. Avant de vous lancer dans votre excursion, négociez le tarif.

4. **Voitures de location** : La location d'une voiture est une option populaire pour les voyages indépendants, vous permettant d'explorer chaque île à votre rythme. Des agences de location sont disponibles dans les principaux aéroports.

5. **Bus publics** : Des bus publics circulent sur certaines îles, offrant un moyen de transport

Matériel protégé par le droit d'auteur

abordable. Cependant, les services peuvent ne pas être aussi fréquents ou étendus, en particulier dans les zones plus rurales.

6. **Aluguer (taxis partagés)** : Les Aluguer sont des taxis partagés qui suivent des itinéraires spécifiques, faisant des arrêts en cours de route pour prendre et déposer les passagers. Cette option est souvent plus économique que les taxis privés.

7. **Marche et randonnée** : La diversité des paysages du Cap-Vert, en particulier sur des îles comme Santo Antão, fait de la marche et de la randonnée une façon enrichissante d'explorer. Des visites guidées sont disponibles pour des sentiers spécifiques.

8. **Location de vélos:** Certaines zones urbaines proposent la location de vélos, offrant ainsi une façon écologique et tranquille d'explorer.

9. **Tours en 4x4** : Pour une exploration plus aventureuse, des circuits en 4x4 sont disponibles sur des îles aux terrains

Matériel protégé par le droit d'auteur

accidentés, offrant un accès à des zones moins accessibles.

10. **Transferts aéroport** : De nombreux hôtels et hébergements proposent des transferts aéroport dans le cadre de leurs services, garantissant une expérience d'arrivée et de départ pratique.

Il est essentiel de planifier le transport à l'avance, notamment pour les déplacements inter-îles, car les horaires peuvent varier. En fonction de l'île que vous explorez et de vos préférences, une combinaison de ces options de transport peut offrir une expérience complète de la beauté et de la diversité du Cap-Vert.

Matériel protégé par le droit d'auteur

Aéroports

Le Cap-Vert dispose de plusieurs aéroports, avec des vols internationaux et nationaux reliant les différentes îles. Voici quelques-uns des principaux aéroports du Cap-Vert :

1. **Aéroport international Amilcar Cabral (SID) :**
   - **Lieu :** Île de Sal
   - **Importance:** Le principal aéroport international desservant le Cap-Vert, situé près de la ville d'Espargos. Il propose des connexions vers diverses destinations internationales.

2. **Aéroport international Nelson Mandela (RAI) :**
   - **Lieu :** Île de Santiago (Praia)
   - **Importance:** Situé dans la capitale, Praia, cet aéroport est une plaque tournante majeure pour les vols intérieurs et les connexions internationales.

Matériel protégé par le droit d'auteur

3. Aéroport international Aristide Pereira (BVC) :

- **Lieu** : Île de Boa Vista
- **Importance** : Desservant Boa Vista, cet aéroport facilite les vols internationaux et les connexions intérieures.

4. Aéroport international Francisco Mendes (VXE) :

- **Localisation:** Île de São Vicente (Mindelo)
- **Importance** : Situé près de la ville de Mindelo, cet aéroport est crucial pour les voyages intérieurs et propose des vols internationaux.

5. Aéroport Cesária Évora (SNE) :

- **Localisation** : Île de São Vicente (São Pedro)
- **Importance** : Situé près de la ville de São Pedro, cet aéroport est une autre porte d'entrée de transport sur l'île de São Vicente.

Matériel protégé par le droit d'auteur

6. **Aéroport de Maio (MMO) :**
   - **Lieu :** Île de Maio
   - **Importance :** Reliant l'île de Maio, cet aéroport joue un rôle essentiel dans les voyages intérieurs.

7. **Aéroport de Preguiça (SFL) :**
   - **Lieu :** São Filipe, île de Fogo
   - **Importance :** Desservant l'île de Fogo, cet aéroport propose des vols intérieurs et constitue un élément clé pour ceux qui explorent l'île.

8. **Aéroport de Rabil (BVC) :**
   - **Lieu :** Île de Boa Vista
   - **Importance :** Autre aéroport de l'île de Boa Vista, il contribue à l'accessibilité de cette destination touristique populaire.

Ces aéroports jouent un rôle crucial en facilitant à la fois les voyages intérieurs entre les îles et les connexions internationales, garantissant ainsi que les visiteurs peuvent explorer la beauté diversifiée du Cap-Vert.

Matériel protégé par le droit d'auteur

Les voyageurs doivent vérifier les détails spécifiques de l'aéroport et les horaires de vol en fonction de leurs projets de voyage et des destinations choisies dans l'archipel.

Ferries

Les ferries offrent aux voyageurs une option maritime pour explorer et relier les îles du Cap-Vert. Voici les détails clés sur les services de ferry au Cap-Vert :

Matériel protégé par le droit d'auteur

1. **Ferries inter-îles** : des services de ferry inter-îles opèrent entre plusieurs îles, offrant une alternative panoramique et maritime au vol.

2. **Santiago à Fogo et Brava** : des ferries relient Santiago, Fogo et Brava. Ces services sont essentiels pour ceux qui souhaitent explorer les paysages volcaniques de Fogo et la Brava, plus isolée.

3. **Autres itinéraires inter-îles** : En fonction de la demande et de la proximité géographique, les itinéraires des ferries peuvent varier. Il est conseillé de vérifier les derniers horaires et itinéraires en fonction de vos projets de voyage spécifiques.

4. **Opérateurs de ferry** : plusieurs opérateurs de ferry fournissent des services entre les îles. Les exemples incluent CV Fast Ferry et Binter CV. Les horaires des ferries peuvent être sujets à changement, il est donc recommandé de vérifier à l'avance.

Matériel protégé par le droit d'auteur

5. **Durée et fréquence du trajet** : Le temps de trajet entre les îles peut varier et les fréquences peuvent changer en fonction de la demande et des conditions météorologiques. En général, les ferries opèrent plus fréquemment entre les îles où la demande est plus élevée.

6. **Réservation de billets** : Il est conseillé de réserver les billets de ferry à l'avance, surtout pendant les hautes saisons de voyage. Les billets peuvent souvent être achetés aux terminaux de ferry, en ligne ou auprès d'agents agréés.

7. **Confort et installations** : Les ferries au Cap-Vert varient en termes de taille et d'installations. Certains offrent des sièges confortables, la climatisation et des commodités, tandis que d'autres peuvent être plus basiques. Les voyageurs doivent être préparés aux conditions du ferry spécifique qu'ils choisissent.

Matériel protégé par le droit d'auteur

8. **Considérations météorologiques :** Les conditions météorologiques, en particulier pendant certaines saisons, peuvent affecter les services de traversier. Il est essentiel de vérifier tout avis de voyage ou modification d'horaires en raison de facteurs liés à la météo.

Les ferries offrent une excellente occasion de découvrir la beauté maritime du Cap-Vert et sont particulièrement utiles pour visiter les îles. Les voyageurs doivent planifier leurs voyages en ferry à l'avance, en tenant compte des îles spécifiques qu'ils souhaitent visiter et des itinéraires de ferry disponibles.

Matériel protégé par le droit d'auteur

CHAPITRE QUATRE

HÉBERGEMENT ET HÉBERGEMENT

Recommandations d'hôtels

Le Cap-Vert offre une gamme d'hébergements, des complexes hôteliers de luxe aux charmants hôtels de charme. Voici quelques recommandations d'hôtels sur différentes îles :

Matériel protégé par le droit d'auteur

1. **Meliá Dunas Beach Resort & Spa (Île de Sal) :**
   - **Lieu:** Santa Maria, Sal
   - **Caractéristiques :** Complexe tout compris, emplacement en bord de mer, plusieurs piscines, installations de spa.

2. **Hilton Cabo Verde Sal Resort (île de Sal) :**
   - **Lieu:** Santa Maria, Sal
   - **Caractéristiques :** hôtel de luxe en bord de mer, plusieurs options de restauration, piscines extérieures, centre de remise en forme.

52

Matériel protégé par le droit d'auteur

3. Pestana Tropico (île de Santiago) :
- **Lieu** : Plage, Santiago
- **Caractéristiques** : emplacement central, chambres confortables, piscine extérieure, restaurant sur place.

4. Hôtel ODJO D'AGUA (île de Boa Vista) :
- **Lieu** : Sal Rei, Boa Vista
- **Caractéristiques** : hôtel de charme en bord de mer, architecture traditionnelle, chambres avec vue sur l'océan.

Matériel protégé par le droit d'auteur

5. Prassa 3 Boutique Hôtel (île de São Vicente) :
- **Lieu** : Mindelo, São Vicente
- **Caractéristiques :** hôtel de charme élégant, terrasse sur le toit, vue panoramique sur la ville et le port.

6. Hôtel Morabeza (île de Sal) :
- **Lieu:** Santa Maria, Sal
- **Caractéristiques :** Hôtel de longue date en bord de mer, jardins tropicaux, diverses options de restauration.

Matériel protégé par le droit d'auteur

7. **Residencial Beleza (île de Santo Antão) :**
   - **Lieu :** Ponta do Sol, Santo Antão
   - **Caractéristiques :** Maison d'hôtes pittoresque, service personnalisé, vue sur la montagne.

8. **Hôtel Pérola (île de Santiago) :**
   - **Lieu :** Plage, Santiago
   - **Caractéristiques :** emplacement central, chambres confortables, piscine sur le toit.

9. **TUI Blue Cabo Verde (Île de Sal) :**
   - **Lieu:** Santa Maria, Sal
   - **Caractéristiques :** Complexe hôtelier tout compris en bord de mer, design moderne, options de divertissement.

10. **Village de Pedracin (île de São Vicente) :**
    - **Lieu :** São Pedro, São Vicente
    - **Caractéristiques :** Maison d'hôtes de charme, proche de la plage, service personnalisé.

Matériel protégé par le droit d'auteur

Lorsque vous choisissez un hôtel, tenez compte de facteurs tels que l'emplacement, les équipements et le type d'expérience que vous recherchez. De plus, consultez les avis et évaluations récents pour obtenir des informations mises à jour sur chaque établissement. Gardez à l'esprit que la disponibilité peut varier, il est donc recommandé de réserver à l'avance, surtout pendant les hautes saisons de voyage.

Options uniques

Pour les voyageurs à la recherche d'expériences d'hébergement uniques et distinctives au Cap-Vert, il existe plusieurs options qui vont au-delà des hôtels traditionnels. Voici quelques options uniques à considérer :

Matériel protégé par le droit d'auteur

1. **Eco Lodge Cabo Verde (Île de Maio) :**
   - **Lieu :** Vila do Maio, île de Maio
   - **Caractéristiques :** Lodge écologique, pratiques durables, proche de la plage.
2. **Casa Cavoquinho (île de São Vicente) :**
   - **Lieu :** Calhau, São Vicente
   - **Caractéristiques :** Maison d'hôtes pittoresque avec décor artistique, service personnalisé, vue sur l'océan.
3. **Pousada Nova Sintra (île de Brava) :**
   - **Lieu:** Nova Sintra, Brava
   - **Caractéristiques :** Charmante maison d'hôtes dans le cadre tranquille de l'île de Brava, attention personnalisée.
4. **Hôtel Xaguate (île de São Nicolau) :**
   - **Lieu :** Ribeira Brava, São Nicolau
   - **Caractéristiques:** Hôtel de charme avec un mélange de design cap-verdien contemporain et traditionnel.

Matériel protégé par le droit d'auteur

5. **Village écologique de Boa Vista (île de Boa Vista) :**
   - **Lieu :** Plage de Chaves, Boa Vista
   - **Caractéristiques :** Eco-village durable, alimenté par l'énergie solaire, proche des réserves naturelles.

6. **Pensão Porta do Vento (Île Fogo) :**
   - **Lieu :** São Filipe, Fogo
   - **Caractéristiques :** Maison d'hôtes au charme colonial, emplacement central, vue panoramique sur le volcan de Fogo.

7. **Residencial Leão Tons (Île de Sal):**
   - **Lieu:** E spargos, Sal
   - **Caractéristiques :** Maison d'hôtes locale, immersion culturelle, service personnalisé.

8. **Casa Colonial Koenig (île de São Vicente) :**
   - **Lieu :** Mindelo, São Vicente
   - **Caractéristiques :** Maison d'hôtes de style colonial, ambiance historique, emplacement central.

Matériel protégé par le droit d'auteur

9. **Casa das Ilhas (île de São Vicente)** :
   - **Lieu** : Mindelo, São Vicente
   - **Caractéristiques** : Maison d'hôtes de charme avec art capverdien, événements culturels et toit-terrasse.
10. **Maison le Corbusier (Île Santiago)** :
    - **Lieu** : Plage, Santiago
    - **Caractéristiques** : Architecture unique, maison d'hôtes avec une touche historique.

Ces options uniques offrent une expérience plus personnalisée et distinctive, permettant aux voyageurs de s'immerger dans la culture locale et de profiter de la beauté naturelle des îles dans un cadre plus intime. Lorsque vous envisagez un hébergement unique, il est conseillé de vérifier les avis et la disponibilité à l'avance.

Matériel protégé par le droit d'auteur

Conseils de réservation

La réservation d'un hébergement au Cap-Vert peut être facilitée grâce à quelques conseils utiles :

1. **Réservez à l'avance** : Surtout pendant les hautes saisons de voyage ou les événements populaires, sécuriser votre hébergement à l'avance garantit la disponibilité et offre souvent de meilleurs tarifs.

2. **Vérifiez les avis** : utilisez les plateformes d'avis pour obtenir des informations sur les clients précédents. Cela permet d'évaluer la qualité de l'hébergement et l'expérience globale.

3. **Comparez les prix** : utilisez plusieurs agences de voyages en ligne et sites de réservation d'hôtels pour comparer les prix. Parfois, les réservations directes auprès de l'hôtel peuvent offrir des avantages ou des réductions supplémentaires.

Matériel protégé par le droit d'auteur

4. **Dates flexibles** : rendez les dates de votre voyage aussi flexibles que possible. Ajuster votre séjour d'un jour ou deux peut entraîner une baisse des prix.

5. **Envisagez des forfaits** : certaines plateformes proposent des forfaits comprenant les vols et l'hébergement. Vérifiez si le regroupement de ces services peut vous faire économiser de l'argent.

6. **Recherchez les codes promotionnels** : avant de finaliser votre réservation, recherchez les codes promotionnels ou les réductions disponibles. Ceux-ci peuvent souvent être trouvés sur des sites Web de voyages ou via des newsletters.

7. **Contactez directement l'hébergement** : après avoir trouvé une option appropriée en ligne, envisagez de contacter directement l'hébergement. Ils peuvent proposer des tarifs spéciaux ou être prêts à négocier, notamment pour les séjours plus longs.

Matériel protégé par le droit d'auteur

8. **Politiques d'annulation** : Avant de réserver, assurez-vous de bien comprendre les restrictions d'annulation. Des politiques d'annulation flexibles peuvent être utiles si vos projets changent.

9. **Envisagez des hébergements alternatifs** : explorez des options uniques telles que des maisons d'hôtes, des éco-lodges ou des hôtels-boutiques pour une expérience plus personnalisée.

10. **Vérifiez les frais cachés** : avant de confirmer votre réservation, examinez le coût total et vérifiez les frais ou taxes supplémentaires qui pourraient être appliqués.

11. **Rejoignez les programmes de fidélité** : si vous visitez fréquemment le Cap-Vert ou si vous utilisez une chaîne hôtelière particulière, envisagez de rejoindre des programmes de fidélité pour gagner des points et profiter d'avantages tels que des surclassements de chambre ou des réductions.

Matériel protégé par le droit d'auteur

12. **Vérifiez les commodités** : assurez-vous que l'hébergement répond à vos exigences en confirmant les commodités, telles que le Wi-Fi, le parking, le petit-déjeuner ou tout autre besoin spécifique que vous pourriez avoir.

En étant proactif et minutieux dans votre processus de réservation, vous pouvez obtenir le meilleur hébergement possible qui correspond à vos préférences et à votre budget pour un séjour mémorable au Cap-Vert.

Matériel protégé par le droit d'auteur

CHAPITRE CINQ

EXPLORER LES ATTRACTIONS

Lieux incontournables

1. Mindelo, île de São Vicente :

- **Description** : Mindelo est un centre culturel dynamique connu pour sa scène musicale animée, son architecture coloniale et son port pittoresque. Explorez les rues pavées, visitez le marché aux poissons animé et

Matériel protégé par le droit d'auteur

profitez des événements culturels et des festivals qui ont souvent lieu.

2. **Île de Santo Antão :**

- **Description:** Paradis pour les amoureux de la nature, Santo Antão offre des paysages à couper le souffle avec des vallées luxuriantes, des montagnes vertigineuses et de charmants villages. Des sentiers de randonnée comme la vallée de Paul ou Fontainhas mettent en valeur la beauté diversifiée de l'île.

Matériel protégé par le droit d'auteur

3. Sal Rei, île de Boa Vista :

- **Description** : La ville principale de Boa Vista, Sal Rei, est un charmant mélange de culture capverdienne traditionnelle et d'une scène touristique en pleine croissance. La ville possède de belles plages, un marché local et une atmosphère détendue.

Matériel protégé par le droit d'auteur

4. **Plage, île de Santiago :**

- **Description** : En tant que capitale, Praia allie importance historique et ambiance urbaine animée. Visitez le palais présidentiel, le quartier du Plateau avec son architecture coloniale et le marché animé de Sucupira pour un avant-goût de la vie locale.

Matériel protégé par le droit d'auteur

5. **São Filipe, île de Fogo :**

- **Description** : Fogo, qui abrite un volcan actif, est une destination captivante. São Filipe, la charmante ville principale de l'île, présente une architecture de l'époque coloniale, une place centrale animée et une vue imprenable sur le paysage volcanique.

Matériel protégé par le droit d'auteur

6. Cratère de sel Pedra Lume, île de Sal :

- **Description:** Attraction naturelle unique, le cratère de sel de Pedra Lume est un cratère volcanique rempli d'eau salée. Les visiteurs peuvent flotter sans effort dans les eaux vives, entourées d'impressionnants marais salants.

Matériel protégé par le droit d'auteur

7. **Tarrafal, île de Santiago :**
   - **Description :** Située sur la côte nord de Santiago, Tarrafal est connue pour sa belle plage et son importance historique. Explorez l'ancienne prison coloniale, aujourd'hui transformée en musée, et détendez-vous sur la plage de sable noir immaculée.

8. **Rabil, île de Boa Vista :**
   - **Description :** Rabil est une petite ville à l'atmosphère décontractée, offrant un aperçu de la vie locale. Visitez les ateliers de poterie traditionnelle,

Matériel protégé par le droit d'auteur

explorez l'église de Rabil et découvrez la beauté sereine du désert de Viana voisin.

9. **Cidade Velha, île de Santiago :**
   - **Description** : Reconnue comme site du patrimoine mondial de l'UNESCO, Cidade Velha est la plus ancienne colonie du Cap-Vert. Explorez des sites historiques tels que le Forte Real de São Felipe et l'ancienne cathédrale, reflétant le passé colonial du pays.

Matériel protégé par le droit d'auteur

10. **Église Boa Esperança, île de São Vicente :**
    - **Description** : Située à Mindelo, l'église Boa Esperança est un joyau architectural avec une façade bleue et blanche distincte. L'église est un monument culturel et historique, souvent présenté lors d'événements et de célébrations locales.

Ces lieux incontournables mettent en valeur la beauté diversifiée, la riche histoire et la culture dynamique qui font du Cap-Vert une destination unique et enchanteresse pour les voyageurs. Chaque endroit offre une perspective différente sur le charme de l'archipel, des centres urbains animés aux merveilles naturelles sereines.

Matériel protégé par le droit d'auteur

Sites historiques

1. **Cidade Velha (Ribeira Grande), île de Santiago :**
   - **Description** : Reconnue comme site du patrimoine mondial de l'UNESCO, Cidade Velha est la plus ancienne colonie du Cap-Vert et un témoignage de son histoire coloniale. Promenez-vous dans les rues pavées bordées de bâtiments centenaires, visitez le Forte Real de São Felipe et explorez la cathédrale historique Nossa Senhora do Rosário.

2. **Forte Real de São Felipe, île de Santiago :**
   - **Description** : Cette forteresse, située à Cidade Velha, servait de structure défensive à l'époque coloniale. Datant du XVIe siècle, il offre une vue panoramique sur l'océan Atlantique. Explorez ses canons, ses donjons et ses expositions historiques.

Matériel protégé par le droit d'auteur

3. **Ruines de São Filipe, île de Fogo :**

- **Description** : Les ruines de São Filipe sont les vestiges d'une ancienne forteresse surplombant la ville. Datant du XVIe siècle, le site donne un aperçu de l'importance historique de Fogo et offre une vue imprenable sur le paysage volcanique environnant.

Matériel protégé par le droit d'auteur

4. Pilori de Cidade Velha, île de Santiago :

- **Description** : Le Pilori, ou Pelourinho, est une colonne de pierre historique située à Cidade Velha. Autrefois utilisé pour les punitions publiques, il constitue un symbole du passé colonial de la ville. La zone autour du Pilori a une importance archéologique.

Matériel protégé par le droit d'auteur

5. Picos, île de Santo Antão :

- **Description** : Picos, situé dans la vallée de Paul à Santo Antão, abrite des églises de l'époque coloniale et une architecture cap-verdienne traditionnelle. Explorez l'église de Santo António, qui remonte au XVIe siècle, et plongez-vous dans l'histoire locale.

6. Igreja Nossa Senhora do Rosário, île de São Vicente :

- **Description** : Située à Mindelo, cette église historique est un joyau architectural. Datant du XIXe siècle, il présente un mélange d'influences européennes et capverdiennes. L'église est souvent le point central d'événements culturels et de célébrations.

Matériel protégé par le droit d'auteur

7. **Monument Diogo Gomes, Praia, île de Santiago :**
   - **Description:** Le monument Diogo Gomes à Praia rend hommage à l'explorateur portugais qui aurait découvert le Cap-Vert. Le monument se dresse dans le quartier du Plateau et abrite une statue de Diogo Gomes surplombant la mer.

8. **Musée de l'esclave, Cidade Velha, île de Santiago :**
   - **Description :** Installé dans un ancien poste de traite des esclaves, le musée de l'esclave de Cidade Velha donne un aperçu du rôle du Cap-Vert dans la traite transatlantique des esclaves. Les expositions comprennent des artefacts, des documents et des récits illustrant cette période sombre de l'histoire.

Matériel protégé par le droit d'auteur

9. Musée de São Sebastião, île de São Vicente :

- **Description** : Situé à Mindelo, le musée de São Sebastião est installé dans un bâtiment de l'époque coloniale. Il présente des expositions sur l'histoire, la culture et l'art capverdiens, offrant un aperçu complet du patrimoine de l'île.

Matériel protégé par le droit d'auteur

10. Musée de la Tabanca, île de Sal :

- **Description** : Le Museu da Tabanca, situé à Espargos, Sal, se consacre à la préservation et à la mise en valeur du patrimoine culturel du Cap-Vert. Le musée présente des expositions sur la musique traditionnelle, la danse et les coutumes locales.

Matériel protégé par le droit d'auteur

Ces sites historiques offrent un voyage profond dans le passé du Cap-Vert, de l'architecture coloniale de Cidade Velha aux forteresses et musées qui racontent l'histoire diversifiée et complexe de l'archipel. Chaque site contribue à la tapisserie culturelle qui fait du Cap-Vert une destination fascinante.

Merveilles naturelles

1. **Monte Gordo, île de Santo Antão :**
   - **Description :** Monte Gordo est le plus haut sommet de Santo Antão, offrant une vue panoramique à couper le souffle sur l'île. Les paysages luxuriants, les vallées profondes et le terrain accidenté en font un paradis pour les randonneurs et les amoureux de la nature.

Matériel protégé par le droit d'auteur

2. Pico do Fogo, île de Fogo :

- **Description** : Pico do Fogo est un volcan actif sur l'île Fogo. Faites une randonnée jusqu'au sommet pour admirer les paysages surnaturels du cratère volcanique, entouré de coulées de lave durcies. Les vues depuis le sommet sont vraiment impressionnantes.

Matériel protégé par le droit d'auteur

3. **Salinas de Pedra de Lume, île de Sal :**
   - **Description** : Les Salinas de Pedra de Lume sont des salines naturelles situées dans le cratère d'un volcan éteint sur l'île de Sal. Les visiteurs peuvent flotter sans effort dans l'eau salée, entourés du contraste saisissant du sel blanc et du ciel bleu.

Matériel protégé par le droit d'auteur

4. Désert de Viana, île de Boa Vista :

- **Description :** Le Deserto de Viana est un vaste et magnifique paysage désertique sur Boa Vista. Explorez les dunes de sable fascinantes, où les teintes dorées du sable créent un environnement surréaliste et tranquille.

Matériel protégé par le droit d'auteur

5. **Fontainhas, île de Santo Antão :**
   - **Description** : Fontainhas est un village de montagne pittoresque de Santo Antão, perché sur les flancs des collines surplombant des vallées luxuriantes. Les couleurs vibrantes des maisons sur fond vert créent une scène digne d'une carte postale.
6. **Plage de Tarrafal, île de Santiago :**
   - **Description** : La plage de Tarrafal, avec son sable doré et ses eaux turquoise, est une merveille naturelle immaculée et relaxante sur l'île de Santiago. Entouré de falaises escarpées, il offre une évasion sereine aux amateurs de plage.
7. **Baía das Gatas, île de São Vicente :**
   - **Description** : **Baía** das Gatas est une baie isolée aux eaux calmes et cristallines sur São Vicente. La beauté naturelle de la baie, encadrée de falaises rocheuses, en fait un lieu idéal pour la baignade et la détente.

Matériel protégé par le droit d'auteur

8. Plage Formosa, île de Brava :

- **Description:** Praia Formosa, qui signifie "belle plage", porte bien son nom sur l'île de Brava. Cette plage charmante et isolée est entourée de falaises et met en valeur la beauté préservée de l'île.

Matériel protégé par le droit d'auteur

9. Plage de Santa Monica, île de Boa Vista :

- **Description :** La plage de Santa Monica est une étendue immaculée de sable blanc sur Boa Vista, connue pour son immensité et sa tranquillité. Les eaux turquoise et les dunes ajoutent au charme de cette merveille naturelle.

Matériel protégé par le droit d'auteur

10. **Ponta do Sol, île de Santo Antão :**
   - **Description** : Ponta do Sol, une ville côtière de Santo Antão, est entourée de falaises spectaculaires et offre une vue imprenable sur l'océan. Le mélange de la mer vibrante et des paysages accidentés en fait une destination captivante.

Ces merveilles naturelles du Cap-Vert mettent en valeur les paysages diversifiés et captivants de l'archipel, des sommets volcaniques et étendues désertiques aux plages immaculées et aux charmants villages de montagne. Chaque site offre une expérience unique et immersive, invitant les voyageurs à explorer la beauté naturelle de cette destination enchanteresse.

Matériel protégé par le droit d'auteur

Expériences culturelles

1. **Musique et danse Batuco :**
   - **Description** : Découvrez les rythmes rythmés et les danses vibrantes du Batuco, un genre musical traditionnel cap-verdien. Les spectacles locaux incluent souvent des costumes colorés et des mouvements énergiques, offrant une introduction vivante au patrimoine culturel du pays.

2. **Musique Morna :**
   - **Description:** Plongez-vous dans les mélodies émouvantes de la Morna, le genre musical national du Cap-Vert. Souvent jouée dans des décors intimistes, Morna reflète les émotions et les histoires du peuple capverdien, créant une expérience culturelle profonde et émouvante.

Matériel protégé par le droit d'auteur

3. **Carnaval de Mindelo, île de São Vicente :**
   - **Description:** Participez aux célébrations animées du carnaval de Mindelo, São Vicente, qui ont lieu chaque année avant le Carême. Découvrez des défilés vibrants, des costumes colorés et une musique entraînante alors que la ville s'anime de festivités culturelles.

4. **Dégustation de Grogues :**
   - **Description :** Échantillon de Grogue, un spiritueux cap-verdien traditionnel à base de canne à sucre distillée. Visitez les distilleries locales sur des îles comme Santo Antão pour en apprendre davantage sur le processus de production et savourer les saveurs uniques de cette boisson culturelle.

5. **Ateliers de cuisine capverdienne :**
   - **Description :** Participez à des ateliers de cuisine pour découvrir la cuisine capverdienne. De la Cachupa, le plat national, aux diverses spécialités de

Matériel protégé par le droit d'auteur

fruits de mer, ces expériences offrent un aperçu pratique des saveurs et des traditions culinaires de l'archipel.

6. **Visite de la plantation de café Fogo :**
   - **Description** : Explorez les plantations de café de l'île Fogo, connues pour produire du café Arabica de haute qualité. Découvrez le processus de culture, discutez avec les agriculteurs locaux et savourez le riche arôme du café capverdien fraîchement torréfié.

Matériel protégé par le droit d'auteur

7. Festival Tabanka, île de Santiago :

- **Description :** Tabanka est un festival animé de musique et de danse célébré dans plusieurs villes de l'île de Santiago. L'événement comprend des spectacles traditionnels, des processions et des activités culturelles, offrant une expérience dynamique et authentique.

8. Ateliers artisanaux de Capulana :

- **Description :** Capulana est un textile traditionnel cap-verdien. Participez à des ateliers artisanaux pour en apprendre davantage sur l'art de la production de Capulana, des techniques de teinture à la création de motifs complexes, reflétant l'importance culturelle de cet artisanat.

Matériel protégé par le droit d'auteur

9. **Marché des arts et de l'artisanat de Mindelo :**
   - **Description** : Explorez le marché des arts et de l'artisanat de Mindelo, São Vicente, où les artisans locaux présentent leurs créations faites à la main. Des peintures à l'artisanat, ce marché offre un aperçu de la scène artistique dynamique du Cap-Vert.

10. **Connexion de la diaspora à São Nicolau :**
    - **Description** : São Nicolau accueille des événements célébrant la diaspora cap-verdienne, mettant l'accent sur les liens avec les communautés à l'étranger. Assistez à des rassemblements culturels, des ateliers et des spectacles pour découvrir l'impact mondial de la culture capverdienne.

Matériel protégé par le droit d'auteur

Ces expériences culturelles offrent une compréhension profonde et authentique du riche patrimoine du Cap-Vert. Que ce soit à travers la musique, la danse, les arts culinaires ou les festivals locaux, chaque rencontre offre un lien significatif avec les traditions diverses et vibrantes qui façonnent l'identité de l'archipel.

Destinations hors des sentiers battus

1. **Ribeira do Paul, île de Santo Antão :**
   - **Description :** Aventurez-vous hors des sentiers battus jusqu'à Ribeira do Paul, une vallée luxuriante et isolée sur Santo Antão. Entourée de montagnes, cette région offre des sentiers de randonnée sereins, des villages traditionnels et une évasion tranquille des zones les plus touristiques.

Matériel protégé par le droit d'auteur

2. **Tarrafal de Monte Trigo, île de Santo Antão :**
   - **Description** : Découvrez le village isolé de Tarrafal de Monte Trigo sur la côte ouest de Santo Antão. Avec sa plage de sable noir, son charme simple et son tourisme limité, elle offre une expérience capverdienne authentique.
3. **Ponta do Sol, île de São Vicente :**
   - **Description** : Alors que Mindelo est la principale ville de São Vicente, la ville côtière de Ponta do Sol offre une atmosphère plus calme et décontractée. Explorez ses charmantes rues, profitez de la vue sur la mer et découvrez la vie locale loin du centre urbain animé.

Matériel protégé par le droit d'auteur

4. **Montagnes de Cidade Velha, île de Santiago :**
   - **Description:** Au-delà de la ville historique de Cidade Velha, explorez les paysages montagneux qui entourent la région. Cette région hors des sentiers battus offre des possibilités de randonnées avec des vues panoramiques et une ambiance paisible.

Matériel protégé par le droit d'auteur

5. **Plage Branca, île de Boa Vista :**
   - **Description** : Évadez-vous à Praia Branca, une plage isolée et immaculée de Boa Vista. Avec son sable blanc et ses eaux turquoise, c'est un joyau caché, loin des plages les plus fréquentées, offrant un refuge tranquille.

6. **Oasis Fontona, île de Sal :**
   - **Description:** Découvrez l'oasis de Fontona sur l'île de Sal, une zone luxuriante inattendue entourée des paysages arides de l'île. Cette oasis présente de la verdure, des piscines d'eau douce et offre un contraste unique avec les scènes côtières typiques.

7. **Ponta do Sol, île de Santo Antão :**
   - **Description** : Différent de son homonyme de São Vicente, Ponta do Sol sur Santo Antão est un village de pêcheurs isolé. Explorez son port pittoresque, discutez avec les habitants

Matériel protégé par le droit d'auteur

et profitez de la beauté préservée de ce joyau côtier.

8. **Buracona, île de Sal :**

-   **Description** : Alors que Sal est connue pour ses plages, Buracona offre une expérience distinctive. Cette piscine et grotte naturelle, connue sous le nom de « l'Œil Bleu », offre une formation géologique unique et une aventure décalée.

9. **Désert de Viana, île de Boa Vista :**

-   **Description** : Découvrez le désert de Viana à Boa Vista, une vaste étendue de dunes de sable rappelant un véritable paysage désertique. La solitude et la beauté intacte en font une destination hors des sentiers battus pour ceux qui recherchent une expérience plus isolée.

Matériel protégé par le droit d'auteur

10. **Cratère Cova, île Fogo :**
   - **Description:** Si le volcan Fogo constitue une attraction majeure, le cratère Cova offre une perspective différente. Ce petit cratère au sein de la plus grande caldeira présente une végétation luxuriante et un environnement serein, offrant une expérience de randonnée unique.

Ces destinations hors des sentiers battus permettent aux voyageurs d'échapper à la foule et de se plonger dans la beauté intacte du Cap-Vert, de découvrir des joyaux cachés et d'éprouver un lien plus intime avec les paysages et les communautés locales.

Matériel protégé par le droit d'auteur

CHAPITRE SIX

DÉLICES CULINAIRES

Aliments traditionnels

1. **Cachupa** :

   - **Description** : Considéré comme le plat national du Cap-Vert, la Cachupa est un ragoût copieux à base de maïs, de haricots, de légumes et de diverses viandes ou poissons. Il existe différentes variantes et chaque famille a souvent sa propre recette, ce qui en fait une tradition culinaire appréciée et polyvalente.

Matériel protégé par le droit d'auteur

2. **Grogue** :

- **Description:** Le Grogue est un spiritueux distillé traditionnel cap-verdien à base de canne à sucre. Souvent dégusté pur ou en cocktails, il revêt une importance culturelle et est souvent produit localement sur les îles.

3. **Catchupa Rica** :

- **Description :** Variante de Cachupa, Catchupa Rica est une version festive comportant un mélange d'ingrédients plus riche, dont plus de viande et d'épices. Il est couramment servi lors d'événements spéciaux et de festivités.

Matériel protégé par le droit d'auteur

4. Pastel com diabo Dentro (Pâtisserie avec le diable à l'intérieur) :

- **Description** : Cette pâtisserie unique, connue sous le nom de « Pâtisserie au diable à l'intérieur », est une friandise sucrée remplie d'un mélange de poivre épicé. Le contraste des saveurs sucrées et épicées reflète la créativité et l'ingéniosité de la cuisine capverdienne.

Matériel protégé par le droit d'auteur

5. **Grogue Caïpirinha :**
   - **Description:** Une version capverdienne de la Caipirinha classique, ce cocktail combine du Grogue produit localement avec du citron vert, du sucre et de la glace. C'est une boisson rafraîchissante et populaire appréciée dans divers contextes sociaux.

6. **Queijada :**
   - **Description:** La queijada est un dessert traditionnel cap-verdien, une pâtisserie sucrée à base d'ingrédients comme la noix de coco, le sucre et les œufs. Ces délicieuses friandises sont souvent dégustées lors d'occasions spéciales ou comme délicieuse collation.

7. **Lagosta Grelhada (homard grillé) :**
   - **Description:** Compte tenu de la situation côtière du Cap-Vert, les fruits de mer jouent un rôle important. Le homard grillé, connu sous le nom de Lagosta Grelhada, est un plat populaire

Matériel protégé par le droit d'auteur

et délicieux, mettant en valeur l'abondance de fruits de mer frais disponibles.

8. **Xérém** :

- **Description** : Le xerém est un plat cap-verdien à base de semoule de maïs et souvent servi avec des ragoûts de poisson ou de viande. Il représente un aliment de base de l'alimentation locale et reflète l'influence des traditions culinaires africaines.

9. **Buzio** :

- **Description** : Le Buzio est un plat traditionnel cap-verdien à base de viande de conque. Préparé de diverses manières, grillé ou en ragoût, il offre une expérience de fruits de mer unique à ceux qui souhaitent découvrir les spécialités locales.

Matériel protégé par le droit d'auteur

10. **Canja de Galinha :**
  - **Description :** La Canja de Galinha est une soupe au poulet cap-verdienne réconfortante, souvent préparée avec du riz, des légumes et des épices. Il constitue un plat nourrissant et populaire, surtout par temps plus frais ou comme remède contre le rhume.

Ces aliments traditionnels représentent le riche patrimoine culinaire du Cap-Vert, incorporant des ingrédients, des saveurs et des influences culturelles locales. La découverte de ces plats offre un délicieux voyage dans le monde diversifié et délicieux de la cuisine capverdienne.

Matériel protégé par le droit d'auteur

Meilleurs restaurants

1. **Le Goût Authentique (Mindelo, São Vicente) :**

- **Description** : Connu pour sa cuisine cap-verdienne authentique, Le Gout Authentique propose un menu varié mettant en vedette les spécialités locales. L'atmosphère chaleureuse et le service amical en font un choix populaire auprès des habitants et des visiteurs.

Matériel protégé par le droit d'auteur

2. **Café Sofia (Praia, Santiago)** :
   - **Description** : Le Café Sofia, situé à Praia, est célèbre pour ses délicieuses options de petit-déjeuner, ses pâtisseries et son café cap-verdien. Le charmant café offre un cadre détendu pour déguster des plats savoureux.

3. **Restaurant Mami Beach (Santa Maria, Sal)** :
   - **Description** : Situé sur la plage de Santa Maria, le restaurant Mami Beach est réputé pour ses plats de fruits de mer, ses spécialités grillées et ses vues pittoresques sur l'océan. C'est un endroit privilégié pour une expérience culinaire mémorable.

4. **Club de plage Morabeza (Santa Maria, Sal):**
   - **Description** : Surplombant les eaux turquoise de Santa Maria, le Morabeza Beach Club offre un cadre en bord de mer avec un menu composé d'un mélange de cuisine capverdienne et internationale. L'ambiance vibrante et

la musique live améliorent l'expérience culinaire.

5. **Restaurant Blu Marlin (Sal Rei, Boa Vista):**
   - **Description:** Connu pour ses spécialités de fruits de mer, Blu Marlin à Sal Rei offre une expérience culinaire en bord de mer. Le menu comprend des prises fraîches et des spécialités capverdiennes, créant un délicieux voyage culinaire.

6. **Restaurant Maresias (Mindelo, São Vicente) :**
   - **Description :** Le restaurant Maresias est célèbre pour son menu axé sur les fruits de mer, composé de plats préparés avec des ingrédients locaux. L'ambiance du restaurant et son emplacement en bord de mer ajoutent à l'expérience culinaire globale.

7. **Terra Sabe (Praia, Santiago):**
   - **Description :** Terra Sabe propose un mélange de cuisine capverdienne et internationale, proposant un menu

Matériel protégé par le droit d'auteur

varié au cœur de Praia. La décoration élégante et le service attentionné du restaurant contribuent à sa popularité.

8. **Restaurant El Mirador (Santo Antão) :**
   - **Description :** Perché sur les montagnes de Santo Antão, le restaurant El Mirador offre une vue imprenable ainsi que des plats traditionnels cap-verdiens. C'est un joyau caché pour ceux qui recherchent une expérience culinaire unique.

9. **La Villa (Mindelo, São Vicente) :**
   - **Description :** La Villa allie les saveurs capverdiennes et méditerranéennes dans un cadre chic. En mettant l'accent sur des ingrédients frais et de haute qualité, il s'impose comme un choix de premier ordre pour ceux qui recherchent une expérience culinaire raffinée.

Matériel protégé par le droit d'auteur

10. **Restaurant Morabeza (Santa Maria, Sal) :**

- **Description:** Situé dans l'hôtel Morabeza, le restaurant Morabeza propose une expérience culinaire élégante avec un menu mêlant cuisine locale et internationale. Le cadre en bord de mer ajoute à l'attrait de cette destination culinaire.

Matériel protégé par le droit d'auteur

Ces meilleurs restaurants mettent en valeur la diversité culinaire du Cap-Vert, offrant une gamme de saveurs, de décors et d'expériences pour les habitants et les visiteurs. Qu'il s'agisse de restaurants de bord de mer, d'authentiques spécialités capverdiennes ou d'une fusion d'influences internationales, ces établissements contribuent au vibrant paysage gastronomique de l'archipel.

Étiquette à manger

1. **Salutations :**
   - **Étiquette :** Commencez votre expérience culinaire par un accueil poli. Au Cap-Vert, une salutation courante est "Bom apetite", qui se traduit par "Bon appétit". Cela exprime le souhait d'un repas agréable.

Matériel protégé par le droit d'auteur

2. **Disposition des sièges :**
   - **Étiquette :** attendez d'être assis ou suivez l'exemple de l'hôte si vous êtes un invité. Dans des contextes formels, des sièges peuvent être attribués. Dans des circonstances plus détendues, choisissez un siège après que l'hôte l'ait précisé.

3. **Manières à table :**
   - **Étiquette:** Utilisez des ustensiles plutôt que de manger avec vos mains. Il est de coutume de garder les mains au-dessus de la table et les coudes écartés lorsque l'on mange. Terminez le tout dans votre assiette pour exprimer votre gratitude pour le repas.

4. **Partager de la nourriture :**
   - **Étiquette :** si vous dînez avec des locaux, le partage est courant. Il est poli d'offrir et d'accepter de la nourriture provenant de plats communs. Attendez que l'hôte ou l'aîné

Matériel protégé par le droit d'auteur

commence le repas avant de commencer.

5. **Grillage :**
   - **Étiquette :** Le port d'un toast est une pratique courante, en particulier lors d'occasions festives. Soulevez votre verre et établissez un contact visuel lorsque vous portez un toast. Il est d'usage de dire « Saúde » (santé) ou « Noraboa » (félicitations).

6. **Respectez les coutumes locales :**
   - **Étiquette :** Comprendre et respecter les coutumes locales, en particulier dans les contextes plus traditionnels. Par exemple, il est courant que les hommes et les femmes soient assis séparément lors de certaines réunions sociales.

7. **Pourboires :**
   - **Étiquette:** Les pourboires sont appréciés mais pas toujours attendus. Certains restaurants peuvent intégrer des frais de service. Dans le cas

Matériel protégé par le droit d'auteur

contraire, il est d'usage de laisser un petit pourboire pour un bon service.

8. **Prenez votre rythme :**
   - **Étiquette :** Les repas au Cap-Vert sont souvent pris à un rythme détendu. Ne vous précipitez pas pendant votre repas, car manger est considéré comme une activité sociale. Engagez une conversation entre les bouchées.

9. **Exprimez votre appréciation :**
   - **Étiquette :** Exprimez votre gratitude pour le repas. Vous pouvez utiliser des expressions comme « Obrigado » (merci) ou « Foi ótimo » (c'était génial) pour montrer votre appréciation à l'hôte ou au personnel du restaurant.

10. **Habillez-vous modestement :**
    - **Étiquette :** Bien que les codes vestimentaires puissent varier, il est généralement respectueux de s'habiller modestement, en particulier lors de la visite chez quelqu'un ou dans un cadre plus formel. Évitez les tenues trop

Matériel protégé par le droit d'auteur

décontractées dans certaines situations.

Comprendre et adopter ces pratiques d'étiquette culinaire améliorera votre expérience globale au Cap-Vert, vous permettant de vous connecter plus profondément avec la culture locale et de profiter de l'hospitalité des gens.

Matériel protégé par le droit d'auteur

CHAPITRE SEPT

DOUANES LOCALES ET TRANSPORTS

Lois et coutumes

1. **Lois sur les drogues :**
   - **Lois :** Le Cap-Vert a des lois strictes concernant la consommation et la possession de drogues. C'est illégal et les sanctions peuvent être sévères.

2. **Respect des traditions locales :**
   - **Coutumes :** Le respect des traditions et coutumes locales est essentiel. Lorsque vous visitez des maisons ou participez à des événements culturels, suivez l'exemple des habitants et soyez attentif aux pratiques traditionnelles.

3. **Comportement public :**
   - **Lois :** toute conduite désordonnée dans les lieux publics, y compris l'ivresse publique, peut entraîner des conséquences juridiques. Maintenir un

Matériel protégé par le droit d'auteur

comportement respectueux et prévenant dans les espaces publics.

4. **Photographie** :
   - **Douanes:** Demandez toujours l'autorisation avant de prendre des photos, notamment d'individus. Certains habitants préféreront peut-être ne pas être photographiés et il est important de respecter leurs souhaits.

5. **Sensibilité religieuse :**
   - **Coutumes :** Le Cap-Vert est un pays majoritairement catholique et les pratiques religieuses sont respectées. Faites attention aux sites religieux, habillez-vous modestement lorsque vous visitez les églises et évitez de perturber les cérémonies religieuses.

6. **Conservation de l'environnement :**

   - **Lois** : Le Cap-Vert accorde de l'importance à la conservation de l'environnement. Il est illégal de nuire aux espèces protégées ou de perturber les habitats naturels. Respectez la nature et suivez les directives lorsque vous visitez des sites naturels.

7. **Patrimoine culturel :**

   - **Coutumes** : Faites preuve de respect pour le patrimoine culturel du Cap-Vert. Évitez de toucher les artefacts dans les musées, sauf autorisation, et soyez conscient de l'importance historique de certains sites.

8. **Droits LGBTQ+ :**

   - **Lois** : Bien que le Cap-Vert soit plus tolérant que certains pays africains, les droits LGBTQ+ continuent d'évoluer. Les manifestations publiques d'affection peuvent susciter des réactions mitigées et la discrétion est conseillée.

9. **Réglementation monétaire :**
   - **Lois :** respectez la réglementation en matière de devises et déclarez les montants dépassant une certaine limite à l'entrée ou à la sortie du pays. Méfiez-vous des échanges de devises non officiels et utilisez les canaux autorisés.

10. **Niveaux de bruit :**
    - **Lois :** Des restrictions de bruit peuvent être en place à certaines heures. Soyez attentif aux niveaux de bruit dans les zones résidentielles, en particulier pendant la nuit.

11. **Protection de la nidification des tortues :**
    - **Lois :** Le Cap-Vert est un lieu de nidification pour les tortues marines et des mesures de protection sont en place. Il est illégal de déranger les sites de nidification des tortues ou de nuire aux tortues.

Matériel protégé par le droit d'auteur

Comprendre et respecter ces lois et coutumes est crucial pour une expérience positive et respectueuse au Cap-Vert. Il permet aux visiteurs de s'immerger dans la culture locale et de contribuer à la préservation du patrimoine naturel et culturel de l'archipel.

Transport public

1. **Aluguer :**
   - **Description** : Les Aluguers sont des mini-fourgonnettes ou des bus partagés qui fonctionnent sur des itinéraires fixes. Il s'agit d'un mode de transport public courant et abordable, en particulier dans les zones urbaines.
2. **Taxis :**
   - **Description** : Les taxis sont largement disponibles dans les zones urbaines et constituent un mode de transport pratique. Les tarifs sont généralement négociables, il est donc conseillé de se

Matériel protégé par le droit d'auteur

mettre d'accord sur le tarif avant de commencer le voyage.

3. **Binter Cap-Vert :**
   - **Description:** Binter Cabo Verde exploite des vols intérieurs reliant les îles principales. C'est une option pratique pour ceux qui souhaitent voyager rapidement entre les îles.

4. **Ferries inter-îles :**
   - **Description:** Les ferries inter-îles offrent un moyen pittoresque et maritime de voyager entre les îles. Ces services sont disponibles et relient diverses îles de l'archipel.

5. **Location de voitures :**
   - **Description :** La location de voitures est disponible sur de nombreuses îles, offrant ainsi la flexibilité nécessaire pour explorer à votre rythme. Il est conseillé de vérifier l'état des routes et de s'assurer d'avoir les documents nécessaires.

Matériel protégé par le droit d'auteur

6. **Bus locaux :**
   - **Description** : En plus des aluguers, certaines îles disposent de services de bus locaux. Bien que moins courants que les aluguers, les bus circulent sur des itinéraires spécifiques et peuvent constituer une option économique pour se déplacer.

7. **Marcher :**
   - **Description** : De nombreuses villes du Cap-Vert sont adaptées aux piétons, ce qui fait de la marche une option viable sur de courtes distances. C'est un excellent moyen d'explorer les quartiers locaux et de s'immerger dans les environs.

8. **Taxis-motos :**
   - **Description** : Les motos-taxis, appelés "moto-taxis", sont monnaie courante au Cap-Vert. Ils offrent un moyen rapide et pratique de se déplacer dans la circulation, en particulier dans les zones urbaines très fréquentées.

Matériel protégé par le droit d'auteur

9. **Services de navette aéroport :**
   - **Description :** Certaines îles disposent de services de navette aéroportuaire qui transportent les passagers vers et depuis l'aéroport. Vérifiez la disponibilité auprès de votre hébergement ou des services de transport locaux.

10. **Ferry rapide vers le Cap-Vert :**
    - **Description :** Le Cabo Verde Fast Ferry exploite des catamarans à grande vitesse reliant des îles telles que Santiago, Fogo et Brava. Cela constitue une alternative plus rapide aux ferries traditionnels.

Naviguer dans les transports publics au Cap-Vert nécessite de la flexibilité et une compréhension des options disponibles sur chaque île. Il est recommandé de se renseigner localement sur le mode de transport le plus adapté en fonction de votre destination et de vos préférences.

Matériel protégé par le droit d'auteur

Location de voitures

1. **Agences locales :**
   - **Description** : De nombreuses agences locales de location de voitures opèrent au Cap-Vert, proposant une gamme de véhicules adaptés à différents besoins. Ces agences ont souvent des bureaux dans les grands aéroports et dans les zones touristiques prisées.

2. **Sociétés de location internationales :**
   - **Description** : Certaines sociétés internationales de location de voitures sont présentes au Cap-Vert. La réservation auprès de marques connues peut offrir une familiarité avec le processus de location et un accès à une flotte diversifiée de véhicules.

3. **Plateformes de réservation en ligne :**
   - **Description** : Utiliser les plateformes de réservation en ligne pour comparer les prix et les options de différents fournisseurs de location de voitures. Cela vous permet de réserver un

Matériel protégé par le droit d'auteur

véhicule de location à l'avance et offre souvent des réductions.

4. **Documents requis :**

  - **Exigences :** Pour louer une voiture, vous avez généralement besoin d'un permis de conduire valide, d'une pièce d'identité (généralement un passeport) et d'une carte de crédit pour le dépôt de garantie. Des restrictions d'âge peuvent s'appliquer et un permis de conduire international pourrait être requis.

5. **Options du véhicule :**

  - **Options :** les agences de location de voitures proposent différents types de véhicules, notamment des voitures compactes, des SUV et parfois des véhicules tout-terrain adaptés à l'exploration de divers terrains sur certaines îles.

Matériel protégé par le droit d'auteur

6. **Conditions de conduite :**
   - **Conseils :** Familiarisez-vous avec les conditions de conduite locales. Les routes peuvent varier depuis des autoroutes bien pavées jusqu'à des terrains plus accidentés, en particulier sur les îles moins développées. Soyez prudent et respectez le code de la route.

7. **Stations-service :**
   - **Conseils :** Des stations-service sont généralement disponibles, mais il est conseillé de planifier vos itinéraires et de faire le plein en cas de besoin, surtout si vous explorez des zones moins peuplées.

8. **Applications de navigation :**
   - **Conseils :** pensez à utiliser des applications de navigation pour vous aider à naviguer dans les îles. Toutefois, sachez que la force du signal et la précision de la carte peuvent varier. Il

Matériel protégé par le droit d'auteur

est donc utile d'avoir une idée générale de votre itinéraire.

9. **Stationnement :**
   - **Conseils** : Dans les zones urbaines, les places de stationnement peuvent être limitées et des réglementations sur le stationnement dans la rue peuvent s'appliquer. Faites attention à la signalisation et envisagez de vous garer dans les zones désignées pour éviter les amendes.

10. **Couverture d'assurance :**
   - **Conseils** : Vérifiez la couverture d'assurance fournie avec la location. Une assurance supplémentaire peut être recommandée, notamment pour les aventures hors route ou si vous envisagez d'explorer des zones moins fréquentées.

Matériel protégé par le droit d'auteur

Louer une voiture au Cap-Vert offre la possibilité d'explorer les îles à votre rythme. Avec une bonne planification et une connaissance des conditions de conduite locales, cela peut être un moyen pratique et agréable de découvrir la diversité des paysages et des attractions que l'archipel a à offrir.

Services de taxis

1. **Disponibilité :**
   - **Description** : Les taxis sont facilement disponibles dans les zones urbaines et dans les principaux centres de transport tels que les aéroports et les gares maritimes. Recherchez les stations de taxis désignées ou hélez un taxi qui passe dans la rue.
2. **Tarifs :**
   - **Description** : Les tarifs des taxis au Cap-Vert sont généralement négociables, en particulier pour les

Matériel protégé par le droit d'auteur

courtes distances. Il est conseillé de convenir du tarif avec le chauffeur avant de commencer le voyage pour éviter tout malentendu.

3. **Taxis dans les aéroports :**
   - **Description** : Des taxis sont souvent disponibles dans les aéroports, offrant une option pratique pour le transport jusqu'à votre hébergement. Confirmez le tarif avec le chauffeur avant de partir.

4. **Taxis avec compteur :**
   - **Description:** Certains taxis sont équipés de compteurs, notamment dans les grandes villes comme Praia et Mindelo. Assurez-vous que le compteur fonctionne ou convenez d'un tarif avant de commencer le voyage.

5. **Taxis partagés (Aluguers) :**
   - **Description** : Les aluguers sont des taxis ou minibus partagés qui fonctionnent sur des itinéraires fixes. Bien qu'ils ne soient pas privés, ils

Matériel protégé par le droit d'auteur

offrent une option abordable pour se déplacer, notamment au sein des villes.

6. **Applications de taxis :**
   - **Description** : Dans certaines zones urbaines, des applications d'appel de taxi peuvent être disponibles. Ces applications vous permettent de réserver un taxi, de suivre le trajet et parfois même d'effectuer des paiements sans numéraire.

7. **Service 24h/24 et 7j/7 :**
   - **Description** : Les taxis fonctionnent de jour comme de nuit, offrant une option fiable pour le transport à toute heure. Il est conseillé de confirmer la disponibilité à l'avance pour les promenades tôt le matin ou tard le soir.

8. **Méthodes de paiement :**
   - **Description:** Les espèces sont le moyen de paiement le plus largement accepté pour les services de taxi. Assurez-vous d'avoir de la monnaie locale, en particulier pour les courts

Matériel protégé par le droit d'auteur

trajets ou lors de la négociation des tarifs.

9. **Connaissances locales :**
   - **Conseils :** Les taxis sont souvent une source de connaissances locales. N'hésitez pas à demander au chauffeur des recommandations sur les lieux à visiter, les restaurants locaux ou les idées culturelles.

10. **Mesures de sécurité :**
   - **Conseils :** Bien que les taxis soient généralement sûrs au Cap-Vert, il est conseillé d'utiliser des taxis enregistrés et agréés. Si possible, partagez votre position et votre heure d'arrivée prévue avec quelqu'un lorsque vous prenez un taxi, en particulier pendant les trajets nocturnes.

Matériel protégé par le droit d'auteur

Les taxis au Cap-Vert constituent un moyen de transport pratique et flexible, en particulier pour les courtes distances ou pour explorer les zones urbaines. En vous familiarisant avec les pratiques locales, en négociant les tarifs et en garantissant les mesures de sécurité, vous pourrez tirer le meilleur parti des services de taxi lors de votre visite.

Matériel protégé par le droit d'auteur

CHAPITRE HUIT

CONSEILS ET ACTIVITÉS TOURISTIQUES

À faire et à ne pas faire

À faire :

1. **Respectez les coutumes locales :**
   - **À faire :** Adoptez et respectez les coutumes et traditions locales. Participez à des événements culturels et soyez ouvert à la découverte du divers patrimoine du Cap-Vert.

2. **Salutations :**
   - **À faire :** Saluez les gens avec un "Bom dia" (Bonjour), un "Boa tarde" (Bon après-midi) ou un "Boa noite" (Bonsoir). La politesse est très appréciée.

3. **Demandez la permission :**
   - **À faire :** demandez la permission avant de prendre des photos, en particulier d'individus ou dans un cadre plus privé.

Matériel protégé par le droit d'auteur

Respectez la vie privée et les sensibilités culturelles des gens.

4. **Négocier les prix :**
   - **À faire** : Négocier les prix, en particulier sur les marchés ou lorsque vous utilisez des services comme les taxis. Les négociations amicales sont courantes et il est acceptable de discuter des prix avant de finaliser les transactions.

5. **Soyez attentif à l'environnement :**
   - **À faire** : Contribuer à la conservation de l'environnement en respectant les habitats naturels et en adhérant aux directives lors de la visite des zones protégées. Soyez responsable avec l'élimination des déchets.

6. **Habillez-vous modestement :**
   - **À faire** : Habillez-vous modestement, surtout lorsque vous visitez des sites religieux ou dans des communautés plus traditionnelles. Cela montre le respect des coutumes locales.

Matériel protégé par le droit d'auteur

7. Engagez-vous auprès des sections locales :
- **À faire :** Engagez des conversations avec les habitants. Les Cap-Verdiens sont généralement amicaux et accueillants, et interagir avec les résidents peut fournir des informations précieuses sur la culture.

8. Apprenez des phrases de base en portugais :
- **À faire :** Apprenez quelques phrases de base en portugais. Même si l'anglais peut être compris dans les zones touristiques, connaître quelques mots locaux améliore la communication et montre l'appréciation de la culture.

9. Explorez hors des sentiers battus :
- **À faire :** Sortez des sentiers battus et explorez des zones moins touristiques. Cela permet une expérience plus authentique et un lien plus profond avec le mode de vie local.

Matériel protégé par le droit d'auteur

10. Adaptez-vous à un rythme détendu :

- **À faire :** Adaptez-vous au rythme de vie détendu au Cap-Vert. Les repas et les interactions sociales prennent souvent du temps, et adopter cette approche sans hâte améliore l'expérience globale.

À ne pas faire :

1. Ne perturbez pas les cérémonies religieuses :

- **À ne pas faire :** perturber les cérémonies ou les pratiques religieuses. Lorsque vous visitez des églises ou participez à des événements religieux locaux, adoptez une attitude respectueuse.

2. Ne vous engagez pas dans des activités illégales :

- **À ne pas faire :** vous engager dans des activités illégales, notamment en ce qui concerne la consommation de drogues. Le Cap-Vert a des lois strictes et les

Matériel protégé par le droit d'auteur

contrevenants s'exposent à de graves conséquences.

3. **Ne présumez pas que vous maîtrisez l'anglais :**

- **À ne pas faire** : supposez que tout le monde parle couramment anglais. Même si l'anglais peut être parlé dans les zones touristiques, l'apprentissage de quelques phrases de base en portugais peut faciliter la communication.

4. **N'utilisez pas de taxis non enregistrés :**

- **À ne pas faire** : utilisez des taxis non enregistrés. Tenez-vous-en aux services agréés et enregistrés pour garantir la sécurité et des prix équitables.

Matériel protégé par le droit d'auteur

5. Ne négligez pas la cuisine locale :

- **À ne pas faire :** négligez l'opportunité d'essayer la cuisine locale. Soyez ouvert à la découverte des plats capverdiens, y compris le plat national, la Cachupa.

6. Ne touchez pas aux artefacts sans autorisation :

- **À ne pas faire :** Toucher des artefacts dans des musées ou des sites historiques sans autorisation. Respectez le patrimoine culturel en suivant les directives et les règles.

7. Ne comptez pas uniquement sur la technologie :

- **À ne pas faire :** comptez uniquement sur la technologie pour la navigation. Même si les applications de navigation peuvent être utiles, ayez une idée générale de votre itinéraire et de vos environs.

Matériel protégé par le droit d'auteur

8. **Ne présumez pas l'homogénéité :**
   - **À ne pas faire :** présumer de l'homogénéité entre les îles. Chaque île du Cap-Vert a son propre charme, ses paysages et ses nuances culturelles.
9. **N'ignorez pas les conseils locaux :**
   - **À ne pas faire :** ignorez les conseils locaux, en particulier lorsqu'il s'agit de sécurité ou de navigation dans des zones spécifiques. Les locaux fournissent souvent des informations précieuses pour une expérience plus fluide et plus agréable
10. **Ne négligez pas la conservation de l'environnement :**
    - **À ne pas faire :** négliger les efforts de conservation de l'environnement. Suivre les directives d'élimination des déchets, notamment dans les espaces naturels, pour contribuer à la préservation de l'environnement.

Matériel protégé par le droit d'auteur

En suivant ces choses à faire et à ne pas faire, vous vivrez non seulement une expérience plus agréable au Cap-Vert, mais contribuerez également à des interactions positives avec la communauté locale et l'environnement.

Centres touristiques

1. Office du tourisme du Cap-Vert (Turismo de Cabo Verde) :
- **Localisation** : Trouvé dans diverses villes et îles.
- **Services** : offre des informations sur les attractions, l'hébergement et les activités. Fournit des cartes, des brochures et une assistance aux voyageurs.

2. Bureau d'information touristique de Sal :
- **Localisation** : Situé sur l'île de Sal.
- **Services** : fournit des détails sur les attractions locales, les excursions et l'hébergement spécifiques à l'île de Sal.

Matériel protégé par le droit d'auteur

3. Centre d'information touristique de Boa Vista :

- **Emplacement** : Situé sur l'île de Boa Vista.
- **Services** : propose des informations sur les attractions uniques de Boa Vista, notamment les plages, les dunes et les sites culturels.

4. Centre d'information touristique de São Vicente :

- **Localisation** : Basé à Mindelo sur l'île de São Vicente.
- **Services** : Fournit des informations sur les événements culturels, les festivals et les attractions à Mindelo et São Vicente.

5. Centre d'information touristique de Fogo :

- **Emplacement** : Trouvé sur l'île Fogo.
- **Services** : Offre des détails sur les paysages volcaniques de Fogo, les sentiers de randonnée et les expériences culturelles.

Matériel protégé par le droit d'auteur

6. Centres d'information touristique de Santiago :

- **Localisation** : Plusieurs bureaux sur l'île de Santiago.
- **Services** : Fournir des informations sur les sites historiques, les marchés locaux et les activités sur la plus grande île du Cap-Vert.

7. Bureau d'information touristique de Maio :

- **Localisation** : Situé sur l'île de Maio.
- **Services** : offre un aperçu des plages sereines de Maio, des sites de nidification des tortues et des villages traditionnels.

8. Centre d'information touristique de Santo Antão :

- **Localisation** : Basé sur l'île de Santo Antão.
- **Services** : Fournit des détails sur les sentiers de randonnée, les points de vue panoramiques et les expériences culturelles sur cette île luxuriante.

Matériel protégé par le droit d'auteur

9. **Centre d'information touristique de Brava :**
   - **Emplacement** : Situé sur l'île de Brava.
   - **Services** : Propose des informations sur la beauté naturelle de Brava, y compris ses paysages et ses attractions côtières.

10. **Points d'information touristique dans les localités :**
   - **Localisation:** Diverses localités à travers les îles.
   - **Services** : Petits points d'information fournissant des détails sur les attractions, les hébergements et les activités à proximité.

Ces centres touristiques et points d'information constituent des ressources précieuses pour les voyageurs, offrant assistance, conseils et informations pour garantir une visite mémorable et bien informée au Cap-Vert.

Matériel protégé par le droit d'auteur

Visites guidées

1. **Visite de la ville de Mindelo (île de São Vicente) :**
   - **Description :** Explorez la ville animée de Mindelo avec une visite guidée. Visitez des sites culturels, des monuments historiques et plongez-vous dans l'atmosphère animée de ce centre culturel.

2. **Randonnée sur le volcan Fogo (île Fogo) :**
   - **Description :** Participez à une randonnée guidée pour explorer le majestueux volcan Fogo. Découvrez les paysages uniques, visitez le cratère volcanique et découvrez les caractéristiques géologiques de l'île.

3. **Visite aventure de l'île de Santo Antão :**
   - **Description :** Découvrez la beauté naturelle de Santo Antão lors d'un circuit d'aventure. Partez en randonnée dans des vallées luxuriantes, visitez des villages traditionnels et profitez de

Matériel protégé par le droit d'auteur

vues imprenables sur les paysages de l'île.

4. **Excursion sur l'île de Sal et visite des sports nautiques** :

- **Description** : Découvrez le meilleur de l'île de Sal avec une excursion guidée. Explorez les plages de sable fin, essayez les sports nautiques et visitez les marais salants, qui vous donneront un aperçu des merveilles naturelles de l'île.

5. **Visite historique de Cidade Velha (île de Santiago)** :

- **Description** : Faites une visite historique de Cidade Velha, la plus ancienne ville de Santiago et site du patrimoine mondial de l'UNESCO. Visitez des monuments historiques, des églises et découvrez le passé colonial de l'île.

144

Matériel protégé par le droit d'auteur

6. **Safari en jeep sur l'île de Boa Vista :**
   - **Description** : Embarquez pour un passionnant safari en jeep sur l'île de Boa Vista. Explorez les divers paysages de l'île, notamment les dunes de sable, les villages isolés et les plages immaculées.

7. **Visite culturelle à pied à Praia (île de Santiago):**
   - **Description** : Plongez dans la culture de Praia, la capitale de Santiago, avec une visite guidée à pied. Visitez les marchés locaux, les sites historiques et découvrez l'atmosphère animée de la ville.

8. **Excursion en bateau d'île en île :**
   - **Description : Profitez d'une excursion en bateau d'île en île,** explorant la beauté des différentes îles. Ces visites comprennent souvent des arrêts dans des baies pittoresques, des possibilités de plongée en apnée et des visites de charmants villages côtiers.

Matériel protégé par le droit d'auteur

9. **Visite découverte de la nature de l'île Maio :**

- **Description :** Découvrez les merveilles naturelles de l'île de Maio lors d'une visite guidée de la nature. Explorez des plages sereines, observez la faune et visitez des sites de nidification de tortues.

10. **Visite d'expérience culturelle au Cap-Vert :**

- **Description :** Participez à une visite culturelle complète couvrant plusieurs îles. Cette visite propose un itinéraire diversifié, comprenant des sites historiques, des marchés locaux et des spectacles traditionnels.

Matériel protégé par le droit d'auteur

Ces visites guidées offrent l'occasion d'explorer les diverses îles du Cap-Vert, sa riche culture et sa beauté naturelle avec l'expertise de guides expérimentés. Que vous soyez intéressé par la randonnée, l'histoire ou les expériences culturelles, il existe une visite guidée adaptée à différents intérêts et préférences.

Sports nautiques

1. **Kitesurf et planche à voile (îles Sal et Boa Vista) :**
   - **Description** : Avec des alizés constants et de vastes plages de sable, Sal et Boa Vista sont idéales pour le kitesurf et la planche à voile. Plusieurs écoles et centres de location proposent du matériel et des cours pour tous les niveaux.

Matériel protégé par le droit d'auteur

2. **Surf (Îles Santiago et Santo Antão) :**

- **Description** : Santiago et Santo Antão offrent d'excellentes conditions de surf. Les surfeurs expérimentés peuvent attraper les vagues le long des côtes, tandis que les débutants peuvent prendre des cours dans les écoles de surf locales.

Matériel protégé par le droit d'auteur

3. **Plongée sous-marine (diverses îles) :**
   - **Description** : Explorez le monde sous-marin du Cap-Vert grâce à la plongée sous-marine. Les centres de plongée sur des îles comme Sal, Boa Vista et Santiago proposent des plongées guidées vers les récifs coralliens vibrants, les épaves et la vie marine.

Matériel protégé par le droit d'auteur

4. **Snorkeling (Îles Maio et São Vicente)** :

- **Description** : Maio et São Vicente possèdent des eaux claires, ce qui en fait d'excellents endroits pour la plongée en apnée. Découvrez des récifs coralliens colorés, des poissons tropicaux et des paysages sous-marins près des côtes.

Matériel protégé par le droit d'auteur

5. **Pêche en haute mer (diverses îles) :**
  - **Description** : Embarquez pour une aventure de pêche en haute mer dans les eaux riches du Cap-Vert. Des bateaux charter sont disponibles sur des îles comme Sal et São Vicente pour des excursions de pêche ciblant le thon, le marlin et d'autres poissons de gibier.

Matériel protégé par le droit d'auteur

6. Stand-Up Paddle (Îles Sal et Boa Vista) :

- **Description** : Profitez des eaux calmes de Sal et Boa Vista avec du stand-up paddle. Les installations de location et les visites guidées offrent une façon relaxante d'explorer les zones côtières.

7. Kayak (îles Santo Antão et Maio) :

- **Description** : Explorez la beauté côtière du Cap-Vert en kayak. Santo Antão et Maio offrent des possibilités d'aventures en kayak, vous permettant de pagayer le long de rivages et de criques pittoresques.

8. **Jet Ski (Îles Sal et São Vicente) :**
  - **Description** : Vivez les sensations fortes du jet ski sur les eaux claires de Sal et São Vicente. Des services de location sont disponibles, vous permettant de surfer sur les vagues et de profiter du paysage côtier.

Matériel protégé par le droit d'auteur

9. **Parachute ascensionnel (îles Boa Vista et Sal) :**

- **Description:** Obtenez une vue plongeante sur les magnifiques paysages du Cap-Vert avec le parachute ascensionnel. Boa Vista et Sal proposent des expériences de parachute ascensionnel, offrant une perspective unique des îles vues du ciel.

Matériel protégé par le droit d'auteur

10. Croisières en catamaran (diverses îles) :

- **Description** : Détendez-vous lors d'une croisière en catamaran et profitez de la beauté des paysages du Cap-Vert. Des croisières sont disponibles sur diverses îles, offrant un moyen tranquille d'apprécier les vues côtières et les couchers de soleil.

Matériel protégé par le droit d'auteur

Que vous soyez amateur d'adrénaline ou que vous préfériez une expérience aquatique plus tranquille, les diverses îles du Cap-Vert offrent une gamme de sports et d'activités nautiques pour tous les goûts et tous les niveaux.

Sentiers de randonnée

1. **Randonnée Pico do Fogo (île Fogo) :**
   - **Description :** Montez au sommet du Pico do Fogo, le plus haut sommet du Cap-Vert, pour une vue panoramique à couper le souffle sur les paysages volcaniques. La randonnée offre une expérience à la fois stimulante et enrichissante.

2. **Sentier de randonnée du cratère Cova (île de Santo Antão) :**
   - **Description :** Explorez le magnifique cratère Cova sur Santo Antão. Cette randonnée vous emmène à travers des vallées luxuriantes, des champs en

Matériel protégé par le droit d'auteur

terrasses et offre un aperçu de la vie rurale, menant au cratère spectaculaire avec sa flore diversifiée.

3. **Sentier du Monte Verde (île de São Vicente) :**

  - **Description :** Le sentier Monte Verde à São Vicente propose une randonnée panoramique jusqu'au point culminant de l'île. Profitez de la végétation diversifiée, notamment des plantes endémiques, et savourez des vues panoramiques sur le paysage environnant.

4. **De Cidade Velha à Assomada (île de Santiago) :**

  - **Description :** Ce sentier historique relie Cidade Velha à Assomada sur l'île de Santiago. Traversez divers terrains, notamment des paysages agricoles et des sites historiques, offrant un aperçu du passé de l'île.

Matériel protégé par le droit d'auteur

5. Sentier Pedra Queimada (île de Boa Vista) :

- **Description :** Découvrez les paysages uniques de Boa Vista sur le sentier Pedra Queimada. La randonnée mène à une formation volcanique offrant une vue panoramique sur les dunes et l'océan environnants.

6. De Praia Branca à Ribeira do Paul (île de Maio) :

- **Description :** Découvrez la tranquillité de l'île de Maio sur le sentier de Praia Branca à Ribeira do Paul. Cette randonnée côtière offre des plages immaculées, des dunes de sable et l'occasion d'observer la faune locale.

7. Promenade côtière de Praia à Cidade Velha (île de Santiago) :

- **Description:** Profitez d'une promenade côtière de Praia à Cidade Velha sur l'île de Santiago. Ce sentier panoramique vous permet d'apprécier la beauté de

Matériel protégé par le droit d'auteur

l'océan Atlantique en traversant des villages côtiers.

8. **Ponta do Sol à Fontainhas (île de Santo Antão)** :
   - **Description** : Randonnée de Ponta do Sol à Fontainhas sur Santo Antão, offrant des vues côtières à couper le souffle et de charmants villages ruraux. Le sentier vous emmène à travers des paysages diversifiés, mettant en valeur la beauté de l'île.

9. **Piste muletier déserte (île de Santiago)** :
   - **Description** : Suivez le Deserted Mule Track sur l'île de Santiago, en passant par des villages ruraux et des paysages pittoresques. Le sentier offre des aperçus culturels et des vues pittoresques.

10. **Promenade dans le cratère de sel de Pedra Lume (île de Sal)** :
   - **Description** : Explorez les marais salants de Sal lors de la promenade du cratère de sel de Pedra Lume. Cette

Matériel protégé par le droit d'auteur

randonnée unique vous emmène au cratère d'un volcan éteint, aujourd'hui rempli d'eau salée, offrant une expérience surréaliste.

Ces sentiers de randonnée mettent en valeur la diversité des paysages des îles du Cap-Vert, des sommets volcaniques et vallées luxuriantes aux sentiers côtiers et itinéraires historiques. Que vous recherchiez des ascensions difficiles ou des promenades tranquilles, il existe un sentier de randonnée pour tous les amoureux de la nature.

Festivals

1. **Carnaval (Diverses îles)** :
   - **Description** : Célébré sur plusieurs îles, le Carnaval est un festival vibrant et animé avec des défilés colorés, de la musique, de la danse et des costumes élaborés. Chaque île apporte sa touche unique aux festivités.

Matériel protégé par le droit d'auteur

2. **Festival de musique Baia das Gatas (île de São Vicente) :**
   - **Description** : Organisé à São Vicente, le festival de musique Baia das Gatas est un événement renommé proposant des spectacles de musique live, mettant en vedette un mélange d'artistes locaux et internationaux. Le festival a lieu sur la plage.

3. **Festival Tabanka (Îles Santiago et Maio) :**
   - **Description** : Tabanka est une fête traditionnelle célébrée sur les îles de Santiago et Maio. Il s'agit de processions, de musique et de danse, enracinées dans l'histoire et la culture locales.

4. **Festival de São João (Diverses îles) :**
   - **Description** : São João, ou Fête de la Saint-Jean, est célébrée dans différentes îles avec des feux de joie, de la musique et des danses traditionnelles. Il comprend souvent des spectacles folkloriques et des

Matériel protégé par le droit d'auteur

événements en l'honneur de saint Jean-Baptiste.

5. Festival de théâtre Mindelact (île de São Vicente) :

- **Description** : Mindelact est un festival international de théâtre organisé à São Vicente, présentant des représentations de troupes de théâtre locales et internationales. Il offre une plate-forme d'échange culturel et d'expression artistique.

6. Festival de Gamboa (île de Santiago) :

- **Description** : Ce festival de musique sur l'île de Santiago, connu sous le nom de Festival de Gamboa, attire des artistes locaux et internationaux. Il propose une gamme diversifiée de genres musicaux, créant une atmosphère vivante et inclusive.

Matériel protégé par le droit d'auteur

7. Festival de Baía das Gatas (île de São Vicente) :

- **Description** : Le Festival de Baía das Gatas est un événement culturel annuel à São Vicente. Il propose de la musique live, des spectacles de danse et des expositions culturelles, attirant à la fois les habitants et les visiteurs.

8. Fête de São Filipe (Île Fogo) :

- **Description** : Célébrée sur l'île de Fogo, la fête de São Filipe rend hommage au saint patron de l'île. Il comprend des processions religieuses, de la musique traditionnelle et des événements culturels qui rassemblent la communauté.

9. Festival de Santa Maria (île de Sal) :

- **Description** : Le Festival de Santa Maria à Sal est une célébration animée comprenant de la musique, de la danse et des activités culturelles. Il met en valeur l'atmosphère vibrante de la ville de Santa Maria.

Matériel protégé par le droit d'auteur

10. **Festival de Jazz de Praia (île de Santiago) :**

- **Description** : Le Festival de Jazz de Praia sur l'île de Santiago présente un mélange d'artistes de jazz locaux et internationaux. Il attire les amateurs de jazz et contribue à la scène culturelle de la capitale.

Participer à ces festivals offre une occasion unique de s'immerger dans la culture capverdienne, en profitant de la musique animée, de la danse et des traditions qui définissent les célébrations vibrantes de l'archipel.

Matériel protégé par le droit d'auteur

Activités en couple et en famille

Activités en couple au Cap-Vert :

1. **Croisière romantique au coucher du soleil :**

   - **Description:** Vivez une croisière romantique au coucher du soleil en naviguant le long de la côte de l'île de votre choix. Profitez des couleurs à couper le souffle du coucher de soleil sur l'océan Atlantique.

2. **Pique-nique sur la plage pour deux (îles de Sal ou Boa Vista) :**

   - **Description:** Organisez un pique-nique sur une plage privée sur les rives sablonneuses de Sal ou de Boa Vista. Profitez d'un repas romantique avec le bruit des vagues en toile de fond.

3. **Équitation sur la plage (île de Maio) :**

   - **Description :** Partagez une balade à cheval romantique le long des plages tranquilles de Maio, en profitant de la sérénité et de la beauté des paysages côtiers.

Matériel protégé par le droit d'auteur

4. Dîner aux chandelles dans un restaurant en bord de mer :

- **Description** : Choisissez un restaurant en bord de plage pour un dîner aux chandelles, en savourant la cuisine capverdienne tout en profitant du bruit de l'océan.

5. Journée Spa en Couple (Diverses Îles) :

- **Description** : Offrez-vous une journée de détente en couple dans l'un des complexes hôteliers de l'île. Faites-vous plaisir avec des massages, des soins de spa et des expériences de bien-être.

Activités familiales au Cap-Vert :

1. Journées à la plage et construction de châteaux de sable :

- **Description** : Profitez de moments en famille sur les plages de sable de Sal ou de Boa Vista. Construisez des châteaux de sable, jouez à des jeux de plage et détendez-vous au bord de l'océan.

Matériel protégé par le droit d'auteur

2. Observation des tortues (diverses îles) :

- **Description:** Participez à une excursion familiale d'observation des tortues, en particulier pendant la saison de nidification. Assister à l'éclosion de bébés tortues est une expérience mémorable.

3. Aventure plongée en apnée (îles Maio ou São Vicente) :

- **Description:** Explorez le monde sous-marin en famille avec une aventure de plongée en apnée. Choisissez des endroits adaptés aux enfants comme les rives de Maio ou de São Vicente.

4. Randonnée familiale (Îles Santo Antão ou Fogo) :

- **Description :** Faites une randonnée en famille à travers les paysages pittoresques de Santo Antão ou de Fogo. Choisissez des sentiers adaptés à tous les âges et découvrez ensemble la beauté naturelle du Cap-Vert.

Matériel protégé par le droit d'auteur

5. Exploration des îles en quad (îles de Sal ou Boa Vista) :

- **Description** : Embarquez pour une aventure familiale en quad sur les dunes de Sal ou de Boa Vista. Une façon passionnante d'explorer les îles ensemble.

6. Visitez les marchés locaux et les centres culturels (diverses îles) :

- **Description** : Faites découvrir à votre famille la culture capverdienne en visitant les marchés locaux et les centres culturels. Découvrez la musique, la danse et l'artisanat traditionnels.

7. Excursions en bateau avec plongée en apnée pour les familles (îles São Vicente ou Sal) :

- **Description:** Participez à une excursion en bateau familiale avec des possibilités de plongée en apnée. Choisissez des îles comme São Vicente

Matériel protégé par le droit d'auteur

ou Sal pour des activités nautiques familiales accessibles et agréables.

8. **Visitez les salines (île de Sal) :**
   - **Description** : Explorez les paysages uniques des salines de Sal en famille. Découvrez la production de sel de l'île et admirez les couleurs vibrantes des appartements.

Le Cap-Vert propose une gamme d'activités adaptées aussi bien aux couples en quête d'expériences romantiques qu'aux familles en quête d'aventures mémorables. Que ce soit pour vous détendre sur la plage ou explorer la diversité des paysages, il y en a pour tous les goûts.

Matériel protégé par le droit d'auteur

CHAPITRE NEUF

APERÇUS CULTURELS ET PRATIQUES

Douanes cap-verdiennes

1. **Salutations chaleureuses :**
   - **Coutume:** Les salutations sont importantes dans la culture capverdienne. Attendez-vous à des salutations chaleureuses et amicales avec des poignées de main et des expressions telles que "Bom dia" (Bonjour), "Boa tarde" (Bon après-midi) et "Boa noite" (Bonsoir).

2. **Respect des aînés :**
   - **Coutume :** Le respect des aînés est profondément ancré dans la société capverdienne. Il est d'usage de faire preuve de déférence et d'écouter attentivement les personnes âgées.

Matériel protégé par le droit d'auteur

3. **Valeurs familiales :**
   - **Coutume :** La famille revêt une grande importance dans la culture capverdienne. La famille élargie joue souvent un rôle important dans la vie quotidienne et les liens familiaux sont précieux.

4. **Hospitalité :**
   - **Coutume:** Les Cap-Verdiens sont connus pour leur hospitalité. Les invités sont chaleureusement accueillis et il est courant d'offrir de la nourriture ou des boissons aux visiteurs en signe d'hospitalité.

5. **Musique et danse traditionnelles :**
   - **Coutume :** La musique et la danse font partie intégrante des coutumes capverdiennes. Les genres musicaux traditionnels tels que Morna et Funaná, ainsi que les styles de danse dynamiques, sont célébrés lors d'événements culturels et de festivals.

Matériel protégé par le droit d'auteur

6. **Tolérance religieuse :**
   - **Coutume** : Le Cap-Vert se caractérise par la tolérance religieuse. Diverses religions coexistent pacifiquement et les individus pratiquent souvent un mélange de croyances indigènes et de christianisme.

7. **Modestie vestimentaire :**
   - **Coutume** : La modestie vestimentaire est appréciée, en particulier dans les zones plus traditionnelles et rurales. Lors de la visite de sites religieux, il est d'usage de s'habiller modestement.

8. **Rassemblements communautaires :**
   - **Coutume:** La communauté est importante au Cap-Vert et les rassemblements communautaires sont courants. Des événements tels que des festivals, des cérémonies et des fêtes de famille rassemblent les gens.

Matériel protégé par le droit d'auteur

9. **Respect de la nature :**
   - **Coutume:** Les Cap-Verdiens ont souvent un profond respect pour la nature. Il existe une prise de conscience de l'importance de préserver l'environnement et les pratiques durables sont encouragées.

10. **Heure de l'île :**
    - **Coutume:** La notion de "temps insulaire" prévaut au Cap-Vert. La vie avance à un rythme plus détendu et la patience est valorisée. Il est courant que les activités et les interactions prennent du temps.

11. **Cuisine coutumière :**
    - **Coutume :** Prendre ses repas ensemble est une partie importante des coutumes capverdiennes. Les plats traditionnels comme la Cachupa, un ragoût copieux, sont souvent partagés en famille et entre amis.

Matériel protégé par le droit d'auteur

12. **Respect de la vie privée :**
   - **Coutume :** Le respect de la vie privée est important. Il est d'usage de demander l'autorisation avant de prendre des photos, notamment d'individus ou dans un cadre plus privé.

Comprendre et apprécier ces coutumes enrichit l'expérience de voyage au Cap-Vert, favorisant les interactions positives et les liens avec la culture locale.

Contacts d'urgence

1. **Services d'urgence (police, ambulance, pompiers) :**
   - **Numéro d'urgence :** 132
   - **Description :** Composez le 132 pour une assistance immédiate en cas d'urgence, y compris les services de police, médicaux et d'incendie.

Matériel protégé par le droit d'auteur

2. Urgence médicale - Hôpital National Agostinho Neto (Praia, Santiago) :
- **Contacter : +238** 260 8900
- **Description** : L'hôpital national Agostinho Neto est un établissement médical majeur situé à Praia, Santiago. En cas d'urgence médicale, contactez l'hôpital pour obtenir de l'aide.

3. Hôpital Mindelo (São Vicente) :
- **Contacter** : +238 232 1010
- **Description** : L'hôpital Mindelo de São Vicente fournit des services médicaux. Contactez l'hôpital en cas d'urgence médicale sur l'île.

4. Hôpital São Francisco (Île de Sal) :
- **Contacter** : +238 241 8800
- **Description** : L'hôpital São Francisco est un établissement médical situé sur l'île de Sal. Contactez cet hôpital pour les urgences médicales à Sal.

Matériel protégé par le droit d'auteur

5. **Hôpital régional de Fogo (île Fogo) :**
   - **Contacter :** +238 281 1300
   - **Description :** L'hôpital régional de Fogo sert d'établissement médical sur l'île Fogo. Contactez l'hôpital en cas d'urgence médicale sur Fogo.
6. **Centre de santé de Brava (île de Brava) :**
   - **Contacter :** +238 289 1000
   - **Description :** Le centre de santé Brava fournit des services médicaux sur l'île de Brava. Contactez le centre d'assistance médicale de Brava.
7. **Recherche et sauvetage (maritime) :**
   - **Numéro d'urgence :** 130
   - **Description :** Composez le 130 pour les opérations de recherche et de sauvetage maritimes en cas d'urgence en mer.

Matériel protégé par le droit d'auteur

8. **Police de l'aéroport (aéroport international de Praia) :**
   - **Contacter :** +238 260 8900
   - **Description :** Pour des problèmes de sécurité à l'aéroport international de Praia, contactez la police de l'aéroport.

9. **Assistance touristique (Praia):**
   - **Contacter :** +238 260 8900
   - **Description :** Pour obtenir de l'aide et des informations aux touristes de Praia, contactez le service d'assistance touristique local.

10. **Services consulaires (ambassade de votre pays) :**
    - **Contact :** Renseignez-vous auprès de l'ambassade de votre pays pour obtenir une assistance et des informations consulaires pendant votre séjour au Cap-Vert.

Matériel protégé par le droit d'auteur

Il est conseillé de sauvegarder ces contacts d'urgence dans votre téléphone et de vous familiariser avec les établissements médicaux et les services d'urgence les plus proches lorsque vous voyagez au Cap-Vert.

Applications et sites Web utiles

Applications:

1. **Application de guide de voyage du Cap-Vert :**
   - **Description** : Une application de guide de voyage complète fournissant des informations sur les attractions, les activités, l'hébergement et des conseils de voyage essentiels à travers les îles.

2. **Google Maps :**
   - **Description** : Parcourez les rues, les sentiers et les attractions du Cap-Vert avec Google Maps. Téléchargez des cartes hors ligne pour les lieux dont l'accès à Internet est restreint.

Matériel protégé par le droit d'auteur

3. **Convertisseur de devises XE :**
   - **Description** : Restez informé des taux de change avec XE Currency Converter. Utile pour gérer les dépenses et comprendre les valeurs de la devise locale.

4. **Duolingo (portugais) :**
   - **Description** : Révisez le portugais, la langue officielle du Cap-Vert, avec Duolingo. Cette application d'apprentissage des langues peut vous aider à améliorer la communication pendant votre voyage.

5. **Venteux :**
   - **Description** : Windy fournit des informations météorologiques en temps réel, y compris les conditions de vent. Utile pour les amateurs de sports nautiques et ceux qui planifient des activités de plein air.

Matériel protégé par le droit d'auteur

6. **Moovit :**
   - **Description:** Moovit propose des informations sur les transports en commun, y compris les horaires et les itinéraires des bus. Utile pour naviguer dans les transports publics sur les îles.

7. **Application de contacts d'urgence :**
   - **Description :** Créez un dossier d'application avec les numéros de téléphone d'urgence, y compris les services d'urgence locaux, les hôpitaux et les contacts consulaires.

Sites Internet:

1. **Visitez le site officiel du Cap-Vert :**
   - **URL:** https://www.visitcapeverde.com/
   - **Description:** Le site officiel du tourisme fournit des informations sur les attractions, les activités, l'hébergement et des conseils de voyage pour chaque île.

Matériel protégé par le droit d'auteur

2. **Office du tourisme du Cap-Vert :**
   - **URL :** http://www.turismo.cv/
   - **Description :** Le site Web officiel de l'Office du tourisme offre un aperçu des événements, des expériences culturelles et des réglementations de voyage.
3. **Connexions aériennes :**
   - **URL :**
     https://www.flightconnections.com/
   - **Description :** Planifiez vos vols avec FlightConnections, vérifiez les itinéraires disponibles et les vols de correspondance vers le Cap-Vert.
4. **Site Web du convertisseur de devises XE :**
   - **URL :** (https://www.xe.com/
   - **Description :** Accédez au site Web XE Currency Converter pour connaître les taux de change et la conversion de devises en temps réel.

Matériel protégé par le droit d'auteur

5. **Conseils aux voyageurs de l'Organisation mondiale de la santé (OMS) :**
   - **URL :** https://www.who.int/ith/en/
   - **Description:** Restez informé des conseils de voyage en matière de santé, des vaccinations et des précautions sanitaires pour votre visite au Cap-Vert.

6. **Google Traduction :**
   - **URL :** https://translate.google.com/
   - **Description :** Traduisez des phrases ou communiquez en portugais à l'aide de Google Translate pour des interactions plus fluides.

7. **Weather.com - Cap-Vert :**
   - **URL :** https://weather.com/
   - **Description :** Consultez les dernières mises à jour météorologiques pour le Cap-Vert sur Weather.com pour planifier vos activités de plein air en conséquence.

Matériel protégé par le droit d'auteur

Ces applications et sites Web vous aideront à naviguer au Cap-Vert, à rester informé et à tirer le meilleur parti de votre expérience de voyage.

Sports reconnus

1. Football (Football):

- **Description:** Le football est extrêmement populaire au Cap-Vert. Le pays possède une équipe nationale de football, et les ligues et tournois de football locaux contribuent à la culture sportive dynamique.

2. Basket-ball :

- **Description :** Le basket-ball a gagné en popularité au Cap-Vert, les ligues et équipes locales contribuant à la croissance de ce sport. Le pays participe à des compétitions internationales de basket-ball.

Matériel protégé par le droit d'auteur

3. **Athlétisme :**
   - **Description** : L'athlétisme, y compris les épreuves d'athlétisme, est bien représenté au Cap-Vert. Le pays compte des athlètes qui participent à des compétitions régionales et internationales.

4. **Boxe :**
   - **Description** : La boxe est présente au Cap-Vert, avec des clubs et des compétitions de boxe locaux offrant une plateforme aux aspirants boxeurs.

5. **Volley-ball :**
   - **Description:** Le volley-ball est pratiqué et apprécié au Cap-Vert. Le pays participe à des tournois régionaux et internationaux de volleyball.

6. **Judo :**
   - **Description** : Le judo est pratiqué au Cap-Vert, avec des clubs locaux et des athlètes participant à des compétitions nationales et internationales de judo.

Matériel protégé par le droit d'auteur

7. **Cyclisme** :
   - **Description** : Le cyclisme a gagné en popularité et le Cap-Vert participe à des épreuves cyclistes. La diversité des paysages offre des possibilités de pratique du vélo de route et du VTT.

8. **Capoeira** :
   - **Description:** Bien qu'elle soit davantage un art martial et une expression culturelle, la Capoeira est reconnue et pratiquée au Cap-Vert. Il mélange des aspects de la danse, de l'acrobatie et de la musique.

9. **Surfer** :
   - **Description:** Grâce à sa situation côtière et ses vagues favorables, le Cap-Vert est en train de devenir connu pour le surf. Les surfeurs locaux et les passionnés internationaux explorent les vagues autour des îles.

Matériel protégé par le droit d'auteur

10. **Planche à voile et kitesurf** :
    - **Description** : Les alizés constants et les excellentes conditions aquatiques font du Cap-Vert une destination populaire pour la planche à voile et le kitesurf. Des compétitions internationales sont organisées dans l'archipel.

11. **Futsal** :
    - **Description** : Le futsal, une variante du football joué en salle, est populaire au Cap-Vert. Les ligues et compétitions locales de futsal contribuent à la scène sportive.

12. **Handball** :
    - **Description** : Le handball est présent au Cap-Vert, avec des clubs et des équipes locales participant à des tournois régionaux et internationaux de handball.

Matériel protégé par le droit d'auteur

Le sport joue un rôle important dans la culture capverdienne, contribuant au sentiment de communauté et offrant aux athlètes la possibilité d'exceller sur la scène nationale et internationale.

Shopping et souvenirs

1. **Textiles tissés à la main :**
   - **Description** : Le Cap-Vert est connu pour ses textiles tissés à la main, notamment des couvertures, des châles et des capulanas traditionnels. Recherchez des pièces présentant des motifs colorés et des designs complexes.

2. **Grogue (rhum local) :**
   - **Description** : Le Grogue, un spiritueux traditionnel cap-verdien, est fabriqué à partir de canne à sucre. Achetez une bouteille de grogue produite localement comme souvenir unique et authentique.

Matériel protégé par le droit d'auteur

3. **Art et artisanat :**
   - **Description :** Les artisans locaux créent de magnifiques objets artisanaux, notamment de la poterie, des sculptures sur bois et des perles. Explorez les marchés et les galeries à la recherche de pièces uniques représentant l'art cap-verdien.

4. **Musique et instruments :**
   - **Description** : Le Cap-Vert est célèbre pour ses genres musicaux comme Morna et Funaná. Rapportez à la maison des CD de musique traditionnelle ou envisagez d'acheter un instrument de musique local, comme un cavaquinho ou un accordéon funaná.

5. **Tissu batik :**
   - **Description** : Les tissus batik aux motifs colorés sont courants au Cap-Vert. Ces tissus sont utilisés pour confectionner des vêtements, et les

Matériel protégé par le droit d'auteur

acheter vous permet d'emporter chez vous un morceau de mode locale.

6. **Café capverdien :**
   - **Description:** Le café capverdien, connu pour sa riche saveur, constitue un délicieux souvenir. Recherchez des grains de café torréfiés localement ou du café moulu pour apporter un avant-goût du Cap-Vert à la maison.

7. **Bijoux locaux :**
   - **Description** : Découvrez des bijoux faits à la main par des artisans locaux. Recherchez des pièces incorporant des pierres semi-précieuses, des coquillages et des perles, reflétant les influences côtières du Cap-Vert.

8. **Tambours Batuque :**
   - **Description** : Le Batuque est un style de musique et de danse traditionnel cap-verdien. Pensez à acheter un petit tambour batuque comme souvenir unique et rythmé.

Matériel protégé par le droit d'auteur

9. **Marchandises du drapeau capverdien :**
   - **Description** : Les articles arborant le drapeau capverdien, tels que les T-shirts, les chapeaux et les porte-clés, sont des souvenirs populaires et des symboles de fierté nationale.

10. **Épices et condiments locaux :**
    - **Description** : Apportez les saveurs du Cap-Vert à la maison en achetant des épices et des condiments locaux. Recherchez des articles comme la pimenta (sauce aux piments forts) et des mélanges d'épices uniques.

11. **Œuvres d'art locales :**
    - **Description** : Explorez les galeries d'art locales pour découvrir des peintures et des gravures d'artistes cap-verdiens. Les œuvres d'art reflètent souvent la richesse culturelle et les paysages des îles.

Matériel protégé par le droit d'auteur

12. **Broderie Santo Antão :**
   - **Description :** Santo Antão est connue pour son travail de broderie complexe. Pensez à acheter des articles brodés à la main tels que des nappes ou des pièces décoratives.

Lorsque vous faites du shopping au Cap-Vert, n'oubliez pas d'explorer les marchés locaux, les ateliers d'artisans et les galeries pour découvrir des trésors authentiques et fabriqués localement. La négociation des prix est courante sur les marchés, ajoutant à l'expérience culturelle du shopping dans cette destination dynamique.

Matériel protégé par le droit d'auteur

Tribus autochtones du pays

Le Cap-Vert ne compte pas de tribus autochtones au sens traditionnel du terme, car la population descend principalement d'un mélange d'origines africaines, européennes et, dans une moindre mesure, du Moyen-Orient et de l'Asie du Sud. L'histoire du Cap-Vert est marquée par l'arrivée de colons et d'esclaves, façonnant une population diversifiée et culturellement riche.

L'influence la plus significative sur la culture capverdienne vient du mélange d'esclaves ouest-africains et de colonisateurs européens, principalement portugais. Au fil du temps, cette fusion a donné naissance à une identité culturelle unique. Bien qu'il n'y ait pas de présence tribale autochtone distincte, les Cap-Verdiens célèbrent un héritage commun enraciné dans leur voyage historique.

Matériel protégé par le droit d'auteur

Les communautés des îles sont unies par une identité capverdienne, une langue (créole portugaise et capverdienne) et des pratiques culturelles communes. L'histoire de l'archipel est profondément ancrée dans la diversité de sa population, et la tapisserie culturelle reflète l'héritage de ceux qui ont façonné les îles au fil des siècles.

Matériel protégé par le droit d'auteur

CONCLUSION

En conclusion, un voyage au Cap-Vert promet un mélange captivant de beauté naturelle, de culture riche et d'hospitalité chaleureuse. Des plages ensoleillées de Sal aux paysages volcaniques de Fogo, chaque île offre une expérience unique à explorer. L'histoire vibrante de l'archipel, évidente dans son architecture coloniale et ses traditions culturelles, ajoute de la profondeur à l'aventure.

Se lancer dans ce voyage nécessite une réflexion approfondie sur la meilleure période pour visiter, la saison sèche de novembre à juin offrant des conditions idéales pour les activités de plein air et l'exploration. Que vous recherchiez une escapade romantique, des aventures en famille ou des découvertes hors des sentiers battus, le Cap-Vert répond à des préférences diverses.

Matériel protégé par le droit d'auteur

Laissez-vous tenter par les saveurs de la cuisine capverdienne en savourant des plats traditionnels comme la Cachupa et explorez les marchés locaux à la recherche d'épices et d'artisanat uniques. Rencontrez les sympathiques habitants, connus pour leurs accueils chaleureux et leur hospitalité, et plongez-vous dans la musique de l'île, notamment les rythmes émouvants de Morna.

Des considérations pratiques, telles que les exigences en matière de visa, les questions de change et les nuances linguistiques, garantissent une expérience de voyage fluide. Restez connecté avec des applications et des sites Web utiles et soyez conscient des contacts d'urgence pour plus de sécurité.

Le Cap-Vert invite les voyageurs à découvrir ses joyaux cachés, des sites historiques qui racontent son passé aux merveilles naturelles qui définissent son présent. Qu'il s'agisse de

Matériel protégé par le droit d'auteur

parcourir les sentiers de Santo Antão ou de pratiquer des sports nautiques à Sal, l'archipel attire les aventuriers en quête à la fois de détente et d'émotions.

Lors de l'élaboration de votre guide de voyage au Cap-Vert pour 2024, les informations détaillées fournies visent à vous servir de compagnon, en offrant des informations complètes sur l'hébergement, les activités, les coutumes et bien plus encore. Que votre voyage au Cap Vert soit rempli de moments inoubliables, de découvertes culturelles et de joie de découvrir cette destination enchanteresse. Voyagez en toute sécurité !

Matériel protégé par le droit d'auteur

Merci d'avoir exploré la Hongrie avec nous !

Chers lecteurs,

Alors que vous atteignez la fin du Guide de voyage du Cap-Vert 2024, nous vous exprimons notre sincère gratitude de nous avoir rejoint dans ce voyage virtuel. Nous espérons que le guide a attisé votre envie de voyager et vous a fourni des informations précieuses pour votre prochaine aventure dans cet archipel captivant.

Le Cap-Vert, avec ses paysages diversifiés, sa culture riche et son hospitalité chaleureuse, attend votre exploration. Des rythmes rythmés de la musique locale aux vues imprenables sur les cratères volcaniques, chaque recoin de ces îles raconte une histoire à découvrir.

Matériel protégé par le droit d'auteur

Alors que vous planifiez votre visite, que le guide soit votre compagnon de confiance, vous offrant non seulement des informations mais aussi un aperçu de l'âme du Cap-Vert. Que vous soyez attiré par les plages immaculées, les sites historiques ou les sensations fortes des sports nautiques, ce guide est conçu pour améliorer votre expérience et rendre votre voyage vraiment inoubliable.

Merci de nous faire confiance pour vos ambitions de voyage. Je vous souhaite un ciel bleu, des aventures passionnantes et des moments de pure joie alors que vous partez à la découverte de la beauté du Cap-Vert.

Bon voyage et salutations chaleureuses,

Jonathan Ferdinand

Printed in France by Amazon
Brétigny-sur-Orge, FR

20616240R10117